CHINÊS BÁSICO

DAI LING

CHINÊS BÁSICO

初级中文

DISAL EDITORA

© 2009 Dai Ling

Preparação de texto
Juliane Kaori / Marília Reis

Capa e projeto gráfico
Paula Astiz

Editoração eletrônica
Laura Lotufo / Paula Astiz Design

CD
Produtora: jm produção de áudio

Dados Internacionais de Catalogação na Publicação (CIP)
(Câmara Brasileira do Livro, SP, Brasil)

Dai Ling
 Chinês Básico / Dai Ling. – Barueri, SP : DISAL, 2009.

 ISBN 978-85-7844-026-8

 1. Chinês – Estudo e ensino 2. Chinês – Vocabulário – Português I. Título.

09-02637   CDD-495.107

Índices para catálogo sistemático:
1. Chinês: Estudo e ensino 495.107

Todos os diretos reservados em nome de:
Bantim, Canato e Guazzelli Editora Ltda.

Alameda Mamoré 911, sala 107, Alphaville
06454-040, Barueri, SP
Tel. / Fax: (11) 4195-2811
Visite nosso site: www.disaleditora.com.br
Televendas: (11) 3226-3111
Fax gratuito: 0800 7707 105/106
E-mail para pedidos: comercialdisal@disal.com.br

Nenhuma parte desta publicação pode ser reproduzida, arquivada ou transmitida de nenhuma forma ou meio sem permissão expressa e por escrito da Editora.

mù lù

Sumário

	Prefácio Sun Rong Mao (孙荣茂)	7
1	Noções sobre a língua chinesa	9
2	Regras do sistema fonético	13
3	Números cardinais chineses	17
4	Principais regras gramaticais	19
5	Diálogos situacionais	23
6	Ditados/provérbios chineses	113
7	Índice de vocabulários	119
8	Guia do CD	133
	Sobre a autora	135

xù
Prefácio

No dia 7 de abril de 2009, a sra. Dai Ling veio ao Consulado Geral da República Popular da China de São Paulo apresentar-me o livro "Chinês básico", de sua autoria, solicitando que o lesse e posteriormente escrevesse seu prefácio.

Fazendo jus ao título — "Chinês básico" —, o livro explica aos iniciantes a estrutura básica da língua Chinesa: sua origem, fonética, gramática e vocabulário básico. A obra também introduz sistematicamente conhecimentos fundamentais da cultura e tradição chinesa. Apesar de ser básico, se o leitor conseguir assimilar todo seu conteúdo e aplicá-lo, já poderá considerar-se um bom conhecedor da língua.

Nos últimos trinta anos, com o crescente desenvolvimento econômico da China, o Mandarim tem sido cada vez mais difundido pelo mundo. De fato, é a língua mais falada no planeta, mas não era uma das mais importantes devido à menor potência do país.

Contudo, o Mandarim ganhou relevância em virtude do desenvolvimento econômico e da abertura política da China. Atualmente, a procura pela língua ao redor do mundo é crescente, como se tem observado no Brasil. Só na cidade de São Paulo, existem 43 escolas que ensinam Chinês. Os alunos são tanto descendentes de chineses quanto não descendentes, assim como os fundadores das instituições de ensino, entre os quais há chineses, brasileiros e até um japonês! A difusão da língua Chinesa definitivamente ultrapassou os limites da minha imaginação.

Portanto, os livros didáticos de Mandarim têm alcançado uma enorme demanda no mercado. O livro da sra. Dai Ling acabou de ser produzido, mas nos últimos anos foram escritos muitos livros voltados para o ensino do Chinês. As escolas paulistas, além de aproveitar aqueles vindos da China Continental e de Taiwan, têm produzido seu próprio material. Mas o livro "Chinês básico" destaca-se em meio aos demais como uma flor sui generis, que, em conjunto com outras flores, simboliza o renascimento da cultura chinesa, abrindo caminho para que a riqueza cultural da China dê uma significativa contribuição para a humanidade.

Muitos estrangeiros amam a língua Chinesa, mas de acordo com o senso comum ela é difícil. Para melhor transmiti-la, certamente precisamos procurar um meio de torná-la mais simples. Dessa forma, todos os livros didáticos que ajudam no entendimento dessa língua são bem-vindos. O livro da sra. Dai Ling destaca-se por ter sido escrito de uma maneira clara e acessível, o que faz jus a nosso agradecimento por sua dedicação e diligência.

A sra. Dai Ling atuava, na China, como Engenheira Química, e veio para o Brasil em 1992, ingressando na faculdade de Medicina da Universidade de São Paulo no ano de 1999. A doutora Dai Ling pretende escrever um segundo livro — este voltado para a terminologia aplicada à área de medicina — ou seja, pretende tornar acessível a compreensão do vocabulário(chinês/português) utilizado por profissionais de medicina. Esperamos que ambos os livros sejam um grande sucesso.

Sun Rong Mao (孙荣茂)
Cônsul Geral
Consulado Geral da República Popular da China em São Paulo
11 de abril de 2009

中国语言常识
zhōng guó yǔ yán cháng shì
Noções sobre a língua chinesa

Han yu (汉语) é a língua chinesa usada inicialmente pela etnia Han (汉) e que teve sua maturidade estabelecida há mais de 3 mil anos, sendo uma das línguas com maior número de falantes no mundo. Além da China continental, Taiwan, Hong Kong e Macau, também se usa Han yu (汉语) em Singapura e na Malásia.

Han yu (汉语) atualmente tem sete grandes dialetos: dialeto do norte (北方方言), dialeto Wu (吴方言), dialeto Xiang (湘方言), dialeto Gan (赣方言), dialeto Hakka (客家方言), dialeto Min (闽方言) e dialeto Yue ou Guangdong (粤方言).

A Han yu (汉语) padronizada é baseada no dialeto do norte e na pronúncia de Beijing, também chamada de Putonghua (普通话), que significa "língua comum" e é a língua oficial. Um outro nome usado e mais conhecido é mandarim. Essa padronização serve para facilitar a comunicação entre as pessoas de áreas e grupos étnicos diferentes. É chamada de Guo yu (国语, "língua do país") em Taiwan e Hua yu (华语, "língua dos chineses") em Singapura e na Malásia.

Os caracteres mais antigos já descobertos são chamados jiaguwen (甲骨文) e datam de 4 mil anos atrás, quando eram gravados em ossos de animais.

Os caracteres chineses se originaram de figuras para memorizar as coisas. Existem quatro processos de formação de caracteres chineses Han (汉字): pictografia, que se refere ao método de desenhar as formas (por exemplo, 月(𝕯)); símbolo auto explicativo nas pictografias (como 刃); combinação de dois ou mais símbolos (como 休) e o método pictofonético, no qual há combinação de um elemento que indica o significado e outro que indica a pronúncia (por exemplo, 湖).

Han yu (汉语) tem no total 60 mil caracteres, chamados de Han zi (汉字), sendo 6 mil comumente usados. É considerada alfabetizada uma pessoa capaz de reconhecer cerca de 2 mil a 2,5 mil elementos desse alfabeto. O caractere chinês informa o significado, mas não a pronúncia, portanto, é necessário um sistema fonético para saber como ler cada palavra. Os sistemas fonéticos atualmente mais usados no cotidiano são dois: Zhu yin (注音), que usa, por exemplo, ㄅ, ㄆ, ㄇ, ㄈ etc. e Pin yin (拚音), que usa o alfabeto latino, ideal para estrangeiros, e possibilita a utilização do teclado internacional.

Na história milenar da China, a escrita tradicional era usada para registrar inúmeros eventos históricos e para difundir a cultura. Porém, essa forma é difícil de reconhecer, memorizar e escrever, e por isso sempre se tentava simplificar a escrita. O primeiro imperador da dinastia Qin introduziu o Shutongwen (书同文), a primeira simplificação da escrita feita em grande escala. Após a proclamação da República Popular da China, em 1949, mais de 2 mil caracteres foram simplificados. Estes são alguns Exemplos:

医 — 醫　　书 — 書　　云 — 雲

学 — 學　　龟 — 龜　　门 — 門

Atualmente, o mandarim simplificado é uma das línguas de trabalho da ONU. Ainda se usa o chinês tradicional em Taiwan e em Hong Kong.

Além de sofrer esse processo para se tornarem mais simples, os caracteres chineses também tiveram várias mudanças quanto à caligrafia:

Antigamente, os textos eram escritos de cima para baixo e da esquerda para a direita. Hoje em dia, na China continental, os textos são geralmente escritos na horizontal e da direita para a esquerda, assim como nos livros ocidentais.

yǔ yīn guī zé

Regras do sistema fonético

1. Formação de sílabas da língua chinesa

A maioria das sílabas se forma através da combinação de consoantes, vogais e tons. Exemplos: **b**à, **m**ā, **h**ǎo (iniciais consoantes e finais vogais). A língua chinesa contemporânea, mandarim, tem mais de 400 sílabas.

Existem 21 consoantes em chinês:

b	p	m	f
d	t	n	l
g	k	h	
j	q	x	
zh	ch	sh	r
z	c	s	

As vogais simples são: a   o   e   i   u   ü

As vogais compostas são:

ai	ei	ao	ou				
iao	iu	uai	ui				
ia	ie	üe	ua	uo			
an	en	ian	in	uan	un	üan	ün
ang	eng	iang	ing	uang	ueng	ong	iong

Algumas sílabas em madarim começam com vogal em vez de consoante, como "ā" (啊), e são chamadas de zero inicial.

i, **u**, **ü** podem formar sílabas independentes. Nesse caso, escreve-se yi, wu, yu.

2. Os quatro tons e o tom neutro

O 1º tom: ——— inicia se médio/alto e se mantém
O 2º tom: ⟋ termina-se agudo
O 3º tom: ⋁ inicia-se grave e termina agudo
O 4º tom: ⟍ termina mais grave
O tom neutro: não usa o indicador de tom, pronuncia-se mais curto e mais leve

Deve-se colocar o indicador de tom em cima da vogal. Quando houver mais de duas vogais, coloca-se o indicador em cima da vogal que vem antes nessa ordem (**a o e i u**). Exemplos: hǎo, mèi, lóu.

Exceção: quando for "iu", o tom é marcado em cima do "u"

Em chinês, cada sílaba com a mesma tonalidade pode ser escrita com mais de um caractere, e a variação da tonalidade da sílaba também representa caracteres diferentes.

3. Modulação de terceiro tom

Quando dois caracteres de terceiro tom estão juntos, pronuncia-se o primeiro caractere no segundo tom. Exemplos: nǐ hǎo – ní hǎo (你好, olá).

Quando um caractere de terceiro tom é seguido de um caractere de primeiro tom, segundo tom, quarto tom ou tom neutro, somente a primeira metade do terceiro tom é pronunciada.

Se três caracteres de terceiro tom estão juntos, os dois primeiros se pronunciam em segundo tom. Por exemplo: wǒ hěn hǎo – wó hén hǎo (我很好, eu estou muito bem).

4. Modulação do tom do "不 bù, não"

O tom básico do "不" é quarto tom, pronunciado em segundo tom se um caractere de quarto tom se encontra em seguida. Por exemplo:

bù nán   bú qù   bù lái   bú xiè

5. Modulação do tom do "一 yī, um"

O tom básico do "一" é o primeiro tom. Quando é lido sozinho, numa conta matemática ou dentro de números, pronuncia-se seu tom básico.

Quando é seguido de um caractere de primeiro, segundo ou terceiro tom, a sua pronúncia muda para o quarto tom, e quando é seguido de um caractere de quarto tom, o "一" é pronunciado em segundo tom, por exemplo:

yìbān   yìyuán   yìběn   yìnián
yígè   yíjiàn

6. Algumas regras de transcrição fonética

6.1 As letras "j", "q", "x" e "y" só podem ser combinadas com ü, e não com u. Portanto, escreve-se sem o trema.

Ex. ju   jue   juan   jun   qu   que   quan   qun
     xu   xue   xuan   xun   yu   yue   yuan   yun

6.2 As letras "n" e "l" podem ser combinadas tanto com ü quanto com u. Portanto, não se pode omitir o trema.

Ex: nü   lü   nu   lu

6.3 As demais consoantes só se combinam com u, e não com ü.

6.4 Em sílabas iniciadas por "i", o "i" é escrito como "y" ou um "y" é acrescentado. Por exemplo:

ian	escreve-se	yan
ia	escreve-se	ya
ie	escreve-se	ye
iou	escreve-se	you
in	escreve-se	yin
ing	escreve-se	ying

jī shù

Números cardinais chineses

Os números cardinais chineses são muito usados nos textos escritos. Na matemática, usa-se os números árabes, como no Ocidente. Quando se escreve por extenso, como nos cheques, são escritos em caracteres, por exemplo, 一 = 壹 (não iremos especificá-los neste livro).

零	0	líng
一	1	yī
二	2	èr
三	3	sān
四	4	sì
五	5	wǔ
六	6	liù
七	7	qī
八	8	bā
九	9	jiǔ
十	10	shí
十一	11	shí yī
十二	12	shí èr
十三	13	shí sān
十六	16	shí liù
十九	19	shí jiǔ
二十	20	èr shí

二十一	21	èr shí yī
二十五	25	èr shí wǔ
三十	30	sān shí
四十	40	sì shí
五十	50	wǔ shí
六十	60	liù shí
九十	90	jiǔ shí
九十九	99	jiǔ shí jiǔ
一百	100	yì bǎi
一百零一	101	yì bǎi líng yī
一百零八	108	yì bǎi líng bā
一百十	110	yì bǎi shí
一百十四	114	yì bǎi shí sì
一百二十	120	yì bǎi èr shí
一百三十	130	yì bǎi sān shí
一百九十九	199	yì bǎi jiǔ shí jiǔ
二百	200	èr bǎi / liǎng bǎi
三百	300	sān bǎi
九百九十九	999	jiǔ bǎi jiǔ shí jiǔ
一千	1000	yì qiān
一千零二	1002	yì qiān líng èr
一千零十	1010	yì qiān líng shí
一千一百零五	1105	yì qiān yìbǎi líng wǔ
三千零七十七	3077	sān qiān líng qī shí qī
五千三百	5300	wǔ qiān sān bǎi
八千六百五十	8650	bā qiān liù bǎi wǔ shí
一万	10000	yí wàn

yǔ fǎ

Principais regras gramaticais

1. A língua chinesa não tem mudanças morfológicas das palavras, a ordem das palavras é o principal componente gramatical.

2. Uma frase completa da língua chinesa é composta por seis elementos: sujeito, predicado, objeto, atributo, adjunto adverbial/advérbio e complemento.

O sujeito geralmente precede o predicado e o objeto é um elemento relacionado ao predicado.

Um adjunto adverbial de tempo e/ou de lugar geralmente é colocado entre o sujeito e o predicado. Por exemplo:

nǐ jīn tiān zài nǎ er chī zhōng fàn?
你 今 天 在 哪 儿 吃 中 饭?
Onde você vai almoçar hoje?

3. O verbo pode ser o núcleo do predicado, a ordem gramatical é:

Sujeito	+	verbo	+	objeto
wǒ		xué xí		hàn yǔ
我		学习		汉语
Eu		estudo		chinês.

O adjetivo também pode ser o núcleo do predicado, neste caso não se usa o verbo "是 shì, ser". Esse tipo de frase geralmente é usada para descrever ou avaliar alguém ou algo. Por exemplo:

tā hěn piào liàng
她 很 漂 亮
Ela é muito bonita.

Para que a frase seja mais descritiva, deve-se colocar o advérbio na frente do adjetivo, como 很 hěn, 太 tài, senão, a frase tem mais sentido comparativo do que descritivo, por exemplo:

tā hěn piào liàng   tā piào liàng
她 很 漂 亮   x   她 漂 亮
Ela é muito bonita.   Ela é bonita.

4. Tanto o advérbio como o adjetivo podem fazer papel de adjunto adverbial se colocados antes do verbo ou adjetivo a ser modificado, por exemplo:

wǒ yě hěn hǎo
我 也 很 好
Eu também estou muito bem.

5. Frases Interrogatórias

5.1 Questão sim/não:
Acrescentando a partícula "吗 ma" no final da frase indicativa, forma-se a questão sim/não, por exemplo:

nǐ shì bā xī rén ma?
你 是 巴 西 人 吗？
Voce é brasileiro?

5.2 Questões usando pronomes interrogatórios, como 谁 shuí (quem); 什么 shén me (o que); 哪里/哪儿 nǎlǐ/nǎer (onde); 怎么 zěn me (como); 多少 duō shǎo (quanto); 几 jǐ (quanto) etc. não aceitam "吗 ma" no final da frase. Por exemplo:

zhè shì shén me?
这 是 什 么？
O que é isto?

5.3 Pergunta afirmativa negativa, por exemplo:

tā shì bú shì lǎo shī ?
他 是 不 是 老 师？
Ele é professor ou não?

nǐ máng bù máng ?
你 忙 不 忙？
Você está ocupado ou não?

5.4 Pergunta alternativa usando ... 还是 ... por exemplo:

nǐ shì zhōng guó rén hái shì cháo xiǎn rén?
你 是 中 国 人 还 是 朝 鲜 人？
Você é chinês ou coreano?

5.5 Perguntas com "呢 ne": 呢 é usado depois de substantivos ou pronomes para retomar substantivos ou pronomes anteriores, como:

wǒ qù yóu jú, nǐ ne?
我 去 邮 局, 你 呢？
Eu vou ao correio, e você?

6. Quando se lê um número cardinal, como número de telefone, número de casa, número de passaporte ou placa de carro etc., os algarismos devem ser lidos um a um.

Muitas vezes o "一 yī, um" é lido como "yāo" nesses números, e o "二 èr, dois" é lido como "èr", não podendo ser lido como "两 liǎng" que também significa "dois".

Quando se quer saber o número, pergunta-se "几号 jǐ hào?" ou "....号码是多少 ....hào mǎ shì duō shǎo?"

7. "也 yě, também" e "都 dōu, todos" são colocados antes do verbo ou adjetivo para ser adverbial, por exemplo:

tā men dōu shì liú xué shēng
他 们 都 是 留 学 生
Todos eles são alunos de intercâmbio.

8. "些 xiē, alguns/algumas" indica uma quantidade incerta. Só pode ser usado depois de "一 yī, 这 zhè, 那 nà, 哪 nǎ", por exemplo: 这些书 (zhè xiē shū, esses livros), 一些人 (yì xiē rén, algumas pessoas).

情景对话

qíng jǐng duì huà

Diálogos situacionais

nǐ hǎo! nǐ hǎo ma?
你好！你好吗？
Olá! Como você está?

Notas:

"你好, nǐ hǎo" é a primeira frase a ser falada ao encontrar/cumprimentar alguém ou ao telefonar. "您, nín" é uma forma mais respeitosa de "你, nǐ".

"们, mén" é indicativo de plural, colocado imediatamente após o pronome ou nomes referentes a pessoas, por exemplo, 我们 (wǒ men), 你们 (nǐ men), 同学们 (tóng xué men). Porém, se o nome já tiver indicativo de pluralidade, o "们, mén" não pode ser usado.

"先生, xiān sheng" pode significar "senhor", "marido" ou "professor", dependendo da situação.

"呢, ne": é usado depois de substantivos ou pronomes para retomar substantivos ou pronomes anteriores.

"吗, ma": é colocado no final de uma pergunta.

Exemplos:

xiān sheng , nǐ hǎo!
先　生，你好！
Olá, senhor!

xiǎo jiě, nǐ hǎo!
小 姐，你好！
Olá, senhorita!

lǎo shī, nín hǎo!
老师，您 好！
Olá, professor(a)!

tóng xué men, nǐ men hǎo!
同 学 们，你们 好！
Olá, alunos!

Diálogo:

lǎo shī: tóng xué men, nǐ men hǎo!
老师: 同 学 们，你们 好！
Professor: Olá, alunos!

tóng xué men: lǎo shī nín hǎo!
同 学 们: 老 师, 您好！
Alunos: Olá, professor(a)!

lǎo shī: wáng fāng, nǐ hǎo ma?
老师: 王 芳，你好吗？
Professor: Wang Fang, como vai?

wáng fāng: wǒ hěn hǎo, xiè xie. nín ne?
王 芳: 我 很 好，谢谢。您呢？
Wang Fang: Estou bem, obrigado. E o(a) senhor(a)?

lǎo shī: wǒ yě hě hǎo xiè xie.
老 师: 我也 很 好, 谢谢。
Professor: Também estou bem, obrigado.

Caracteres novos:

我	wǒ	eu
你	nǐ	você
我们	wǒ men	nós
你们	nǐ men	vocês
您	nín	você (forma respeitosa)
好	hǎo	bem/bom
老师	lǎo shī	professor(a)
同学	tóng xué	aluno(a)
先生	xiān sheng	senhor
小姐	xiǎo jie	senhorita
很	hěn	muito
也	yě	também
谢谢	xiè xie	obrigado(a)

情景对话

ASPECTOS CULTURAIS

A República Popular da China localiza-se no leste do continente eurasiático, na borda oeste do Oceano Pacífico, e faz fronteira terrestre de cerca de 20 mil km com 15 países. O país tem a área de 9,6 milhões de km² e é o terceiro maior país em território, depois da Rússia e do Canadá.

zǎo shàng hǎo! wǎn shàng hǎo! wǎn ān!
早 上 好！晚 上 好！晚 安！
Bom dia! Boa noite! Boa noite!

Notas:

Ao encontrar alguém durante a manhã, pode-se dizer "早上好, zǎo shàng hǎo", e ao encontrar alguém de noite, diz-se "晚上好,

25

wǎn shàng hǎo". O termo "晚安, wǎn ān" é dito para a pessoa que está prestes a dormir.

Exemplos:

bà ba, zǎo shàng hǎo!
爸爸，早 上 好！
Bom dia, papai!

mā ma, wǎn ān!
妈妈，晚 安！
Boa noite, mamãe!

xiǎo jiě, wǎn shàng hǎo!
小 姐，晚 上 好！
Boa noite, senhorita!

tóng xué men, zǎo shàng hǎo!
同 学 们，早 上 好！
Bom dia, alunos!

Diálogo:

nǚ er: mā ma, wǒ huí lái le!
女儿:妈 妈，我 回 来 了！
Filha: Mamãe, estou de volta/cheguei!

mā ma: o, huí lái le, nǐ hǎo ma?
妈 妈:噢,回 来 了,你 好 吗？
Mãe: Ah, você voltou, como está?

nǚ er: wǒ hěn hǎo, yǒu diǎn lèi!
女儿: 我 很 好，有 点 累。
Filha: Estou muito bem, só um pouco cansada!

mā ma: nà zǎo diǎn qù shuì jiào ba.
妈妈：那早点去睡觉吧。
Mãe: Então, durma mais cedo.

nǚ er: hǎo ba, mā ma wǎn ān.
女儿：好吧，妈妈晚安。
Filha: Está bem, boa noite, mamãe.

mā ma: wǎn ān.
妈妈：晚安。
Mãe: Boa noite.

Caracteres novos:

早上	zǎo shàng	dia
晚上	wǎn shàng	noite
爸爸	bà ba	pai
妈妈	mā ma	mãe
女儿	nǚ er	filha
儿子	ér zi	filho
安	ān	paz
来	lái	vir
去	qù	ir
回来	huí lái	voltar
回来了	huí lái le	voltei(ou)
累	lèi	cansado(a)
有	yǒu	ter
点	diǎn	um pouco
睡觉	shuì jiào	dormir

ASPECTOS CULTURAIS

A China possui aproximadamente 7,6 mil ilhas em seu território marítimo, sendo Taiwan a maior, com 35 mil km² de área. O país é dividido em 23 províncias, tendo quatro cidades diretamente ligadas ao governo central, cinco regiões de administração autônoma e duas regiões especiais. Sua capital é Beijing (北京, běi jīng).

A China tem 56 grupos étnicos, entre eles a etnia Han (汉族, hàn zhú), que representa 91,59% da população total. Entre os grupos étnicos em minoria, alguns somam populações de mais de 1 milhão de pessoas, enquanto outros têm menos de 10 mil. Exceto os grupos Hui (回族, huí zhú) e Manchu (满族, mǎn zhú), que usam a língua chinesa, as outras etnias têm seus próprios idiomas e até seus caracteres. Portanto, é importante ter uma língua oficial, o mandarim, para facilitar a comunicação.

zài jiàn!
再见！
Até mais!

Notas:

再见 (zài jiàn)！再会 (zài huì)！são sinônimos. Se quiser especificar, pode falar 明天见! (míng tiān jiàn, até amanhã), 晚上见! (wǎn shàng jiàn, até a noite), 待会儿见! (dāi huier jiàn, até daqui a pouco) ou 下次再见! (xià cì zài jiàn, até a próxima vez).

"王, wáng" e "李, lǐ" são sobrenomes chineses. O sobrenome precede o nome ou termos como "senhor", "senhorita", "professor", "gerente" etc

Em casa, geralmente não se chamam as pessoas pelo nome mas, sim, pelo apelido ou pela função familiar que desempenham, como "irmã mais nova" ou "irmão mais velho" etc.

Exemplos:

péng yǒu men, wǎn shàng jiàn!
朋 友 们， 晚 上 见！
Nos vemos à noite, amigos!

wáng xiān sheng, míng tiān jiàn!
王 先 生， 明 天 见！
Até amanhã, senhor Wang!

lǐ xiǎo jiě, dāi huier jiàn!
李 小 姐，待 会 儿 见！
Até daqui a pouco, senhorita Li!

xià cì zài jiàn!
下 次 再 见！
Até a próxima vez!

Diálogo:

gē ge: mèi mei, zǎo shàng hǎo!
哥 哥: 妹 妹，早 上 好！
Irmão: Bom dia, irmã!

mèi mei: gē ge, zǎo shàng hǎo!
妹 妹: 哥 哥, 早 上 好！
Irmã: Bom dia, irmão!

gē ge: qǐng gào sù mā ma, wǒ xiàn zài qù xué xiào le.
哥 哥: 请 告 诉 妈 妈，我 现 在 去 学 校 了。
Irmão: Por favor, avise a mamãe que estou indo à escola agora.

mèi mei: hǎo de, zài jiàn!
妹 妹: 好 的, 再 见！
Irmã: Está bem, até mais!

情景对话

gē ge: wǎn shàng jiàn!
哥哥: 晚　上　见！
Irmão: Nos vemos à noite!

Caracteres novos:

哥哥	gē ge	irmão mais velho
弟弟	dì di	irmão mais novo
姐姐	jiě jie	irmã mais velha
妹妹	mèi mei	irmã mais nova
再	zài	mais uma vez
见	jiàn	se ver/encontrar
下次	xià cì	próxima vez
请	qǐng	por favor
告诉	gào sù	dizer/avisar/contar
学校	xué xiào	escola
朋友	péng yǒu	amigo(a)
现在	xiàn zài	agora

ASPECTOS CULTURAIS

Os sobrenomes chineses eram usados para distinguir os clãs e surgiram durante a sociedade matriarcal, quando esses grupos tinham as mães como figuras mais importantes.

O sobrenome pode ser de um ou mais caracteres. Não se sabe exatamente quantos sobrenomes há na China; atualmente são utilizados cerca de 3,5 mil. Entre os cem mais usados, os três mais comuns são Li (李, lǐ), Wang (王, wáng) e Zhang (张, zhāng), que representam, respectivamente, 7,9%, 7,4% e 7,1% da população. O total de pessoas com esses três sobrenomes chega a 270 milhões.

duì bù qǐ! bào qiàn!
对不起！抱歉！
Perdão! Desculpe!

Notas:

对不起 (duì bù qǐ) significa: com licença. por favor; perdão; sinto muito; 抱歉 (bào qiàn) significa: perdão; sinto muito; desculpe.

Exemplos:

duì bù qǐ, wǒ nòng cuò le.
对不起，我弄错了。
Perdão, foi engano.

duì bù qǐ, wǒ kě yi kāi chuāng ma?
对不起，我可以开窗吗？
Com licença, posso abrir a janela?

wǒ chí dào le, hěn bào qiàn.
我迟到了，很抱歉。
Desculpe, me atrasei.

duì bù qǐ, wǒ kě yi wèn ge wèn tí ma?
对不起，我可以问个问题吗？
Com licença, posso fazer uma pergunta?

bào qiàn, wǒ méi yǒu tīng dǒng.
抱歉，我没有听懂。
Perdão, eu não entendi.

Diálogo:

lǎo shī: tóng xué men, zǎo shàng hǎo!
老师: 同学们，早上好！
Professor: Bom dia, alunos!

tóng xuémen: lǎo shī, zǎo shàng hǎo!
同学们: 老师，早上好！
Alunos: Bom dia, professor(a)!

tóng xué A: duì bù qǐ, wǒ chí dào le.
同学 A: 对不起，我迟到了。
Alunos A: Desculpe, me atrasei.

lǎo shī: méi guān xi, qǐng zuò!
老师: 没关系, 请坐！
Professor: Não há problema, sente-se por favor!

tóng xué A: xiè xie!
同学 A: 谢谢！
Aluno A: Obrigado!

° ° °

tóng xué B: duì bù qǐ, lǎo shī, wǒ kě yi qù cè suǒ ma?
同学 B: 对不起，老师，我可以去厕所吗？
Aluno B: Com licença, professor(a), posso ir ao banheiro?

lǎo shī: dāng rán kě yi,
老师: 当然可以。
Professor: Claro que pode.

Caracteres novos:

对	duì	certo
错	cuò	errado

可以	kě yǐ	poder/pode
开	kāi	abrir
关	guān	fechar
窗	chuāng	janela
迟到	chí dào	atrasar-se
问	wèn	perguntar
问题	wèn tí	pergunta
有	yǒu	ter/tem
没有	méi you	não tem/ expressar a negação
坐	zuò	sentar
立	lì	de pé
当然	dāng rán	claro
厕所	cè suǒ	banheiro

情景对话

ASPECTOS CULTURAIS

As plantas de chá são de origem chinesa. Há 2 mil anos atrás, o povo chinês já tomava essa bebida e até hoje mantém esse costume.

Dependendo da técnica de preparo do chá, ele pode ser classificado como chá verde (绿茶, lǜ chá), chá preto (红茶, hóng chá), chá oolong (乌龙茶, wū lóng chá), chá aromático (花茶, huā chá), chá tuo (沱茶, tuó chá) e chá de tijolo (砖茶, zhuān chá). Cada um apresenta ainda uma grande variedade de tipos.

O chá verde (绿茶, lǜ chá) não passa pelo processo de fermentação, enquanto o preto (红茶, hóng chá) passa. Já o chá oolong (乌龙茶, wū lóng chá) é semifermentado. O chá aromático (花茶, huā chá) é característico da China: suas folhas são perfumadas com flores, sendo o mais famoso o chá de jasmim (茉莉花茶, mò li huā chá), produzido na província de Fujian (福建省, fú jiàn shěng).

qǐng wèn, nǐ jiào shén me míng zi?
请 问，你 叫 什 么 名 字？
Com licença, como você se chama?/qual o seu nome?

Notas:

Geralmente, o nome chinês tem duas partes: 姓 (xìng, sobrenome), que vem primeiro, na maioria dos casos com apenas um caractere, mas também existindo com dois caracteres; e 名 (míng, nome), que vem depois do sobrenome e pode ter um ou dois caracteres.

"请问贵姓? qǐng wèn guì xìng?" é uma forma muito educada de perguntar o sobrenome.

É possível usar "你姓什么？ nǐ xìng shén me?" como uma variação mais informal

男生 (nán shēng) e 女生 (nǚ shēng) geralmente são usados para se referir a adolescentes do sexo masculino e feminino, respectivamente.

Exemplos:

qǐng wèn, nǐ jiào shén me míng zi?
请 问，你 叫 什 么 名 字？
Com licença, qual é seu nome?

qǐng wèn, nǐ xìng shén me?
请 问，你 姓 什 么？
Com licença, qual é o seu sobrenome?

qǐng wèn guì xìng?
请 问 贵 姓？
Com licença, qual é o seu sobrenome?

qǐng wèn, tā jiào shén me míng zi?
请 问, 她 叫 什 么 名 字？
Com licença, qual é o nome dela?

Diálogo:

nán shēng: xiǎo jiě, nǐ hǎo!
男 生: 小 姐，你 好！
Homem: Olá, senhorita!

nǚ shēng: nǐ hǎo!
女 生: 你 好！
Mulher: Olá!

nán shēng: qǐng wèn, nǐ jiào shén me míng zi?
男 生: 请 问，你 叫 什 么 名 字？
Homem: Com licença, qual é o seu nome?

nǚ shēng: wǒ jiào zhāng lì. qǐng wèn, nǐ jiào shén me míng zi?
女 生: 我 叫 张 丽。请 问，你 叫 什 么 名 字？
Mulher: Meu nome é Zhang Li. Com licença, qual é o seu nome?

nán shēng: wǒ xìng chén, wǒ jiào chén dōng. hěn gāo xìng jiàn dào nǐ.
男 生: 我 姓 陈，我 叫 陈 东。很 高 兴 见 到 你.
Homem: Meu sobrenome é Chen, meu nome é Chen Dong. Prazer em conhecê-la.

nǚ shēng: wǒ yě hěn gāo xìng jiàn dào nǐ
女 生: 我 也 很 高 兴 见 到 你
Mulher: O prazer é todo meu.

情景对话

Caracteres novos:

他	tā	ele
她	tā	ela
它	tā	ele/ela (objetos ou animais)
他们	tā men	eles
她们	tā men	elas
请问	qǐng wèn	com licença
贵	guì	caro; nobre
姓	xìng	sobrenome
什么	shén me	o quê/qual
名字	míng zi	nome
叫	jiào	chamar
高兴	gāo xìng	feliz;contente

ASPECTOS CULTURAIS

Na China, a história da bebida alcoólica é mais antiga que a história do chá. Em 1986, durante uma escavação na província de Henan (河南省 hé nán shěng), foi encontrada uma garrrafa de vinho e comprovou-se que ela havia sido feito há mais de 3 mil anos. Existem várias marcas famosas de bebida chinesa, entre elas, a Maotai (茅台 máo tái), licor de cinco grãos (五粮液 wǔ liáng yè), licor Fen (汾酒 fēn jiǔ) e vinho da Grande Muralha (长城葡萄酒 cháng chéng pú táo jiǔ), entre outros.

Em 1915, na Exposição Mundial no Panamá, a Maotai (茅台 máo tái) foi eleita como uma marca internacionalmente famosa. Junto com o whisky da Escócia e o brandy da França, ela é uma das três melhores bebidas do mundo.

nǐ cóng nǎ lǐ lái?
你 从 哪里来？
De onde você vem?

情景对话

Notas:

从 (cóng) + palavra que indica lugar ou tempo: significa o ponto de partida/saída/início

从 (cóng) 。。。来 (lái): vir de (algum lugar)

从哪里来？(cóng nǎ lǐ lái?): de onde veio?

从 (cóng) A 去 (qù) B: sair do lugar A para ir para lugar B

Quando pronomes interrogatórios como 什么 (shén me), 哪里 (nǎ lǐ), 谁 (shúi) etc são usados numa pergunta, não é necessário usar "吗" no final da frase.

Exemplos:

qǐng wèn, nǐ cóng nǎ lǐ lái?
请 问，你 从 哪里来？
Com licença, de onde você veio?

qǐng wèn, nǐ de bà ba hé mā ma cóng nǎ lǐ lái?
请 问，你的爸爸和妈妈从 哪里来？
Com licença, de onde seu pai e sua mãe vieram?

wǒ shì bā xī rén, wǒ cóng shèng bǎo luó lái.
我 是巴西人，我 从 圣 保罗来。
Eu sou brasileiro(a), eu venho de São Paulo.

tā gāng cóng zhōng guó huí lái.
他 刚 从 中 国 回来。
Ele acabou de voltar da China.

tā cóng xué xiào qù wài pó de jiā
她 从 学 校 去 外 婆 的 家
Ela sai da escola e vai para casa da avó

Diálogo:

nǐ hǎo! qǐng wèn, nǐ cóng nǎ lǐ lái?
A: 你好！请 问, 你 从 哪 里 来？
Olá! Com licença, de onde você vem?

wǒ cóng bā xī shèng bǎo luó lái.
B: 我 从 巴西 圣 保罗 来。
Eu venho de São Paulo, Brasil.

zhè shì nǐ dì yī cì lái shàng hǎi ma?
A: 这 是 你 第一 次 来 上 海 吗？
É a primeira vez que vem a Shanghai?

shì de, zhè shì wǒ dì yī cì lái shàng hǎi.
B: 是 的，这 是 我 第一 次 来 上 海。
Sim, é a primeira vez que venho a Shanghai.

huān yíng nǐ lái shàng hǎi.
A: 欢 迎 你 来 上 海。
Seja bem-vindo a Shanghai.

xiè xie!
B: 谢 谢！
Obrigado!

Caracteres novos:

哪里/哪儿	nǎ lǐ/ nǎ er	aonde; onde
和	hé	e/com

是	shì	ser
外婆	wài pó	avó materna
外公	wài gōng	avô materno
爷爷	yéye	avô paterno
奶奶	nǎi nai	avó paterna
家	jiā	casa, família
巴西	bā xī	Brasil
中国	zhōng guó	China
美国	měi guó	Estados Unidos
巴西人	bā xī rén	brasileiro(a)
中国人	zhōng guó rén	chinês(esa)
美国人	měi guó rén	americano(a)
第一次	dì yī cì	primeira vez
刚	gāng	acabou (de acontecer algo)
这是	zhè shì	este(a) é
欢迎	huān yíng	bem-vindo

ASPECTOS CULTURAIS

O primeiro dia do primeiro mês lunar é o ano novo do calendário chinês chamado 春节 (chūn jié), que significa "Festival da Primavera", pois acontece entre o fim do inverno e o início da primavera. É uma das festas mais importantes da China. Há muitos costumes tradicionais relacionados a esse festival. A partir do dia 23 de dezembro do calendário chinês, as pessoas já começam a se preparar para o ano novo. Todas as famílias fazem faxina, vão às compras, preparam refeições etc. Muitos lugares organizam feiras, com danças do dragão e leão, artesanato e comidinhas locais que atraem milhares de pessoas.

nǐ dào nǎ lǐ qù?
你到哪里去？
Aonde você vai?

Notas:

到 (dào) 。。。去 (qù) = 去 (qù)...: ir ao tal lugar
到哪里去？(dào nǎ lǐ qù?) = 去哪里？(qù nǎ lǐ?) = 去哪儿? (qù nǎ er?): Aonde vai?

"太太 (tài tai)" significa "senhora" ou "esposa" dependendo da situação.

O uso mais comum na China é "丈夫 zhàng fu" ou "老公 lǎo gōng" para "marido" e "妻子 qī zi"ou "老婆 lǎo pó" para "esposa".

Exemplos:

qǐng wèn , nǐ dào nǎ lǐ qù?
请 问，你 到 哪里去？
Com licença, aonde você vai?

qǐng wèn , nǐ xiàn zài qù nǎ lǐ?
请 问，你 现 在 去 哪里？
Com licença, aonde você vai agora?

nǐ qù nǎ er?
你去哪儿？
Aonde você vai?

wǒ qù wǒ mā ma de jiā.
我去我 妈 妈 的 家。
Eu vou à casa da minha mãe.

wǒ dào bā xī lǐng shì guǎn qù
我 到 巴 西 领 事 馆 去。
Eu vou ao consulado brasileiro

情景对话

Diálogo:

nǐ fàng jià dào nǎ lǐ qù lǚ xíng?
A: 你 放 假 到 哪 里 去 旅 行？
Aonde você vai viajar nas férias?

wǒ qù zhōng guó lǚ xíng, nǐ ne?
B: 我 去 中 国 旅 行，你 呢？
Eu vou à China, e você?

wǒ qù měi guó kàn wǒ mā ma.
A: 我 去 美 国 看 我 妈 妈。
Eu vou aos Estados Unidos visitar a minha mãe.

nǐ tài tai yě yì qǐ qù ma?
B: 你 太 太 也 一 起 去 吗？
Sua esposa também vai junto?

bù, tā bú qù měi guó, tā dào ōu zhōu qù.
A: 不，她 不 去 美 国，她 到 欧 州 去。
Não, ela não vai aos Estados Unidos, ela vai à Europa.

wǒ míng nián yě yào qù ōu zhōu.
B: 我 明 年 也 要 去 欧 州。
Ano que vem, também vou à Europa.

Caracteres novos:

| 到 | dào | chegar; até (tempo ou distância) |

假期	jià qī	férias
旅行	lǚ xíng	viajar
看	kàn	ver; olhar
太太	tài tai	senhora; esposa
丈夫	zhàng fu	marido
妻子	qī zi	esposa
老公	lǎo gōng	marido
老婆	lǎo pó	esposa
领事馆	lǐng shì guǎn	consulado
大使馆	dà shǐ guǎn	embaixada
一起	yì qǐ	junto (com)
欧州	ōu zhōu	Europa
不	bù	não
年	nián	ano
明年	míng nián	ano que vem

ASPECTOS CULTURAIS

A véspera do ano novo, chamado 除夕 (chú xī), é o momento em que todos os membros da família se reúnem para compartilhar um jantar abundante, o 年夜饭 (nián yè fàn). Depois da meia-noite, ainda comem 饺子 (jiǎo zi, guioza). Nessa ocasião, passam a noite conversando e rindo, até o amanhecer.

A partir do primeiro dia do ano, as pessoas visitam seus familiares e amigos para desejar feliz ano novo, o que é um importante costume do festival da primavera.

Soltar fogos de artifício é a atividade favorita das crianças durante esse período festivo, pois, segundo a lenda, isso espantaria demônios e expulsaria os maus espíritos.

8

zhè shì nǐ de ma? nà shì nǐ de ma?
这 是 你 的 吗？那 是 你 的 吗？
Este é seu? Aquele é seu?

Notas:

A invariável "的 de" é colocada diretamente depois de substantivos e pronomes para indicar possessão. Também é usada depois de adjetivos ou locuções adjetivas para indicar qualidades.

Quando há um pronome + "的 de"+ denominação que indica pessoa (por exemplo, mãe, pai, irmão, amigo, colega, professor etc.), o "的 de" pode ser omitido.

Exemplos:

zhè shì nǐ de jiā ma?
这 是 你 的 家 吗？
Esta é sua casa?

zhè běn shū shì nǐ de ma?
这 本 书 是 你 的 吗？
Este livro é seu?

tā shì nǐ dì di ma?
他 是 你 弟弟 吗？
Ele é seu irmão?

nà yě shì nǐ de ma?
那 也 是 你 的 吗？
Aquilo também é seu?

nà shì yí ge cōng míng de hái zi.
那 是 一 个 聪 明 的 孩子。
Aquela é uma criança inteligente.

Diálogo:

A: qǐng wèn zhè zhī bǐ shì nǐ de ma?
请 问 这 支 笔 是 你 的 吗？
Com licença, esta caneta é sua?

B: shì de, zhè běn shū yě shì wǒ de.
是 的. 这 本 书 也 是 我 的。
Sim. Este livro também é meu.

A: nà gè shǒu jī ne?
那 个 手 机 呢？
E aquele celular?

B: nà gè shǒu jī bú shì wǒ de, shì wǒ mā ma de.
那 个 手 机 不 是 我 的，是 我 妈 妈 的。
Aquele celular não é meu, é da minha mãe.

A: nà gè shì nǐ de shū bāo ma?
那 个 是 你 的 书 包 吗？
Aquela é sua mochila?

B: bù, nà bú shì wǒ de shū bāo.
不，那 不 是 我 的 书 包。
Não, aquela não é minha mochila.

Caracteres novos:

这	zhè	este(a)
那	nà	aquele(a)
这里	zhè lǐ	aqui
那里	nà lǐ	ali
你的/你们的	nǐ de / nǐ mén de	seu(ua)/de vocês
我的/我们的	wǒ de / wǒ mén de	meu(minha)/nosso
他的/他们的	tā de / tā mén de	dele(a)/deles(as)

笔	bǐ	caneta
书	shū	livro
书包	shū bāo	mochila
手机	shǒu jī	celular
聪明	cōng míng	inteligente
孩子	hái zi	criança
支	zhī	unidade de contagem para caneta, etc
本	běn	unidade de contagem para livro, caderno
只	zhī	unidade de contagem para várias coisas

情景对话

ASPECTOS CULTURAIS

No dia 15 de janeiro do calendário chinês acontece o Festival de Lanternas, chamado 元宵节 (yuán xiāo jié), que corresponde à primeira noite de lua cheia do ano. Neste dia, as pessoas costumam comer 元宵 (yuán xiāo) e contemplar as lanternas tradicionais. Essa celebração existe há mais de 2 mil anos. 元宵 (yuán xiāo) é um bolinho feito de farinha de arroz glutinoso, recheado de açúcar com granola. Costuma-se comê-lo nesse dia para desejar união, harmonia, felicidade e satisfação para a família.

zhè shì shén ma? nà shì shén ma?
这是什么？那是什么？
O que é isto? O que é aquilo?

Notas:

是不是？shì bú shì?", "去不去？qù bú qù?", "好不好？hǎo bù

hão?" são tipos de perguntas afirmativa-negativas que não aceitam "吗" no final.

"也是 yě shì" significa "também é".

Exemplos:

qǐng wèn, zhè shì shén me?
请 问，这 是 什 么？
Com licença, o que é isto?

qǐng wèn, zhè shì yì běn shén me zá zhì?
请 问，这 是 一 本 什 么 杂 志？
Por favor, que revista é esta?

qǐng wèn, nà shì shén me?
请 问，那 是 什 么？
Com licença, o que é aquilo?

tā shì bú shì lǎo shī?
他 是 不 是 老 师？
Ele é professor (ou não)?

Diálogo:

qǐng wèn, zhè shì shén me?
A: 请 问，这 是 什 么？
Com licença, o que é isto?

zhè shì wǒ mèi mei de xīn shū bāo.
B: 这 是 我 妹 妹 的 新 书 包。
Esta é a mochila nova da minha irmã.

情景对话

nà shì bú shì yì běn zhōng wén shū?
A: 那是不是一本　中　文书？
Aquilo é (ou não é) um livro de chinês?

bù, nà bú shì yì běn zhōng wén shū, nà shì yì běn yīng
B: 不,那不是一本　中　文书，那是一本　英
wén zá zhì.
文　杂志。
Não, aquilo não é um livro de chinês, é uma revista em inglês.

zhè yě shì yīng wén zá zhì ma?
A: 这也是英　文杂志吗？
Esta revista é em inglês?

shì de, zhè yě shì yīng wén zá zhì.
B: 是的,这也是英　文杂志。
Sim, esta também é uma revista em inglês.

Caracteres novos:

杂志	zá zhì	revista
报纸	bào zhǐ	jornal
英文	yīng wén	língua inglesa
葡文	pú wén	língua portuguesa
中文	zhōng wén	língua chinesa
法文	fǎ wén	língua francesa
日文	rì wén	língua japonesa
新	xīn	novo(a)
旧	jiù	usado(a)

ASPECTOS CULTURAIS

清明节 (qīng míng jié) é o Dia de Finados, um dos 24 pontos de divisão sazonais da China, que ocorre por volta do dia 5 de abril do calendário ocidental. Nesta época, a primavera está chegando e o ar está limpo e fresco — daí vem o nome 清明 (qīng míng).

Nesse dia, as pessoas costumam visitar os túmulos dos antepassados, colocando incensos, comida e dinheiro de papel para representar lembrança e respeito aos ancestrais. Também costumam ir ao subúrbio para tomar ar fresco, apreciar o céu azul e as flores.

zhè shì shuí de?　nà shì shuí de?
这 是 谁 的？那 是 谁 的？
De quem é este? De quem é aquilo?

Notas:

　　zhè(nà) shì　　shuí de　　chē
　　这(那) 是 + 谁 的 + 车? Não é necessário colocar a unidade de contagem na frente do substantivo.

　　zhè(nà) liàng chē shì shuí de
　　这(那) + 辆 + 车 + 是 谁 的? É necessária a presença da unidade de contagem (辆 liàng) na frente do substantivo.

　　wǒ xiǎng
　　我 想 。。。 aqui significa "Eu acho..."

Exemplos:

zhè shì shuí de bǐ?
这 是 谁 的 笔？
De quem é esta caneta?

nà shì shuí de xiàng pí?
那 是 谁 的 橡 皮？
De quem é aquela borracha?

zhè shì bú shì nǐ mén de xué xiào?
这 是 不 是 你 们 的 学 校？
Esta é (ou não é) a escola de vocês?

zhè gè wén jù hé shì shuí de?
这 个 文 具 盒 是 谁 的？
De quem é esse estojo?

nà xiē yuán zhū bǐ shì tā mén de ma?
那 些 圆 珠 笔 是 他 们 的 吗？
Aquelas canetas são deles?

Diálogo:

qǐng wèn, zhè shì shuí de yǔ sǎn?
A: 请 问，这 是 谁 的 雨伞？
Com licença, de quem é este guarda chuva?

wǒ xiǎng zhè shì zhāng li de yǔ sǎn.
B: 我 想 这 是 张 丽 的 雨 伞。
Acho que este guarda chuva é da Zhang Li.

nà jiàn yǔ yī yě shì tā de ma?
A: 那 件 雨 衣 也 是 她 的 吗？
Aquela capa de chuva também é dela?

shì de, nà jiàn yǔ yī yě shì tā de.
B: 是的，那件雨衣也是她的。
Sim, aquela capa de chuva também é dela.

zhè liàng zì xíng chē shì shuí de?
A: 这辆自行车是谁的?
De quem é esta bicicleta?

shì wǒ gē ge de.
B: 是我哥哥的。
É do meu irmão.

wǒ kě yǐ jiè yí xià ma?
A: 我可以借一下吗？
Posso pegar emprestado por um momento?

dāng rán kě yǐ.
B: 当然可以。
Claro que pode.

Caracteres novos:

谁	shuí	quem
谁的	shuí de	de quem
笔	bǐ	caneta
橡皮	xiàng pí	borracha
文具盒	wén jù hé	estojo
园珠笔	yuán zhū bǐ	caneta esferográfica
一些	yìxiē	um pouco/ por um momento
这些	zhè xiē	esses
那些	nà xiē	aqueles
雨伞	yǔ sǎn	guarda-chuva
雨衣	yǔ yī	capa de chuva
件	jiàn	unidade de contagem (roupa, presente)

自行车	zìxíng chē	bicicleta
辆	liàng	unidade de contagem (carro, bicicleta)
借	jiè	emprestar
还	huán	devolver

情景对话

ASPECTOS CULTURAIS

No dia 5 de maio do calendário chinês, acontece a tradicional Festa dos Barcos de Dragão, chamada 端午节 (duān wǔ jié). Neste dia, as pessoas comem 粽子 (zòng zi), feito de arroz glutinoso embrulhado em forma piramidal com folha de bambu, e assistem a uma competição de barcos de dragão. Segundo a lenda, essas atividades são para homenagear o grande poeta patriota da antiga China (278 a.C.), 屈原 (qū yuán).

11

wǒ yào...   wǒ xiǎng…
我要。。。我想。。。
Eu queria... Estou com vontade de...

Notas:

Os verbos modais 会 hùi, 要 yào, 想 xiǎng, 能 néng/可以 kě yǐ significam "capacidade", "querer", "desejo" e "possibilidade", e geralmente são colocados antes do verbo. A forma negativa é 不 bù + verbo modal.

好吗？(hǎo ma) usado depois de uma sentença indicativa tem sentido de sugestão ou pedido.

想 (xiǎng) também significa "achar" ou "sentir saudade", dependendo da situação.

有点儿 (yǒu diǎn er) é usado como advérbio e expressa uma leve insatisfação.

Exemplos:

wǒ yào hē chá.
我 要 喝 茶。
Quero tomar chá.

wǒ bú huì yóu yǒng, wǒ xiǎng xué yóu yǒng.
我 不 会 游 泳，我 想 学 游 泳。
Eu não sei nadar, quero aprender a nadar.

nǐ xiǎng bù xiǎng xué tài jí quán?
你 想 不 想 学太极拳？
Você quer (ou não) aprender, Tai ji quan?

nǐ yào bú yào qù tī zú qiú?
你 要 不 要 去踢足球？
Você quer (ou não) jogar futebol?

wǒ yǒu diǎn (er) xiǎng jiā.
我 有 点（儿）想 家。
Estou com um pouco de saudade da minha casa.

wǒ xiǎng zhè bú shì wǒ de.
我 想 这不是我 的。
Eu acho que isso não é meu.

Diálogo:

xiǎo wáng, wǒ mén qù dǎ lán qiú, hǎo ma?
A: 小 王， 我 们 去 打 篮 球, 好 吗？
Xiao Wang, vamos jogar basquete, pode ser?

bào qiàn, wǒ bú huì dǎ lán qiú.
B: 抱 歉，我 不 会 打 篮 球。
Desculpe, eu não sei jogar basquete.

nǐ xiǎng bù xiǎng xué? wǒ jiāo nǐ.
A: 你 想 不 想 学？我 教 你。
　　Você quer (ou não) aprender? Eu lhe ensino.

　　hǎo a, xiè xie!
B: 好 啊，谢 谢！
　　Está bem, obrigado!

　　zhī dào zhōng guó de yáo míng ma?
A: 知 道 中 国 的 姚 明 吗？
　　Sabe quem é Yao Ming, da China?

　　zhī dào, tā shì yǒu míng de lán qiú yùn dòng yuán.
B: 知 道，他 是 有 名 的 篮 球 运 动 员。
　　Sei, é um jogador de basquete muito famoso.

Caracteres novos:

喝	hē	tomar/beber
茶	chá	chá
会	huì	ter capacidade
学	xué	aprender
游泳	yóu yǒng	nadar
游泳池	yóu yǒng chí	piscina
太极拳	tài jí quán	Tai ji quan
踢	tī	chutar/jogar
踢足球	tī zú qiú	jogar futebol
打篮球	dǎ lán qiú	jogar basquete
教	jiāo	ensinar
有名的	yǒu míng de	famoso
著名的	zhù míng de	renomado
运动员	yùn dòng yuán	jogador

ASPECTOS CULTURAIS

As artes marciais são um gênero de esporte tradicional da China tendo uma longa história e grande variabilidade. Podem ser divididas basicamente em cinco tipos: e sem armas, e com armas, duelo, luta contra ataque e prática em conjunto. O e sem arma é a base das artes marciais, incluindo Tai ji quan (太极拳) e Xing yi quan (形意拳).

Artes marciais são exercícios excelentes não só para jovens, mas também para idosos; sua prática é benéfica tanto para prevenir doenças como para autodefesa. Estudos mostram que o Tai ji quan (太极拳) é um exercício ideal para idosos, pois melhora o equilíbrio e diminui o risco de queda.

wǒ xiàng nǐ jiè shào...
我 向 你介绍。。。
Eu lhe apresento...

Notas:

qǐng yǔn xǔ wǒ xiàng nín jiè shào ...
"请 允 许 我 向 您 介 绍。。。" é usado em uma situação bastante formal.

zhè(wèi)shì ...   wǒ lái jiè shào yí xià, zhè (wèi) shì...
"这(位)是。。。"ou"我来介绍一下,这(位)是。。。" usa-se no dia a dia.

Exemplos:

qǐng yǔn xǔ wǒ xiàng nín jiè shào wǒ de péng yǒu, zhào gāng.
请 允 许 我 向 您 介 绍 我 的 朋 友，赵 刚。
Permita-me apresentar-lhe meu amigo, Zao Gang.

qǐng yǔn xǔ wǒ xiàng nín jiè shào wǒ de fù mǔ.
请 允 许 我 向 您 介 绍 我 的 父 母。
Permita-me lhe apresentar meus pais.

wǒ lái jiè shào yí xià, zhè (wèi) shì wǒ de zhōng wén lǎo shī
我 来 介 绍 一 下, 这 (位) 是 我 的 中 文 老 师。
Deixe-me lhe apresentar, este(a) é meu(minha) professor(a) de chinês.

zhè (wèi) shì wǒ de nǚ péng yǒu.
这 (位) 是 我 的 女 朋 友。
Esta é minha namorada.

zhè shì wǒ de nǚ er.
这 是 我 的 女 儿。
Esta é minha filha.

fēi cháng róng xìng rèn shí nín.
非 常 荣 幸 认 识 您。
Muito prazer em conhecê-lo.

Diálogo:

lǐ yǒng: wǎn shàng hǎo, wáng fāng.
李 勇: 晚 上 好，王 芳。
Li Yong: Boa noite, Wang Fang.

wáng fāng:　　wǎn shàng hǎo,　lǐ yǒng
王　芳:　　　晚　上　好，李 勇。
Wang Fang:　Boa noite, Li Yong.

lǐ yǒng: qǐng ràng wǒ xiàng nǐ jiè shào wǒ de nǚ péng yǒu.
李 勇: 请 让 我　向　你介 绍　我 的 女 朋　友
zhāng lì.
张　丽。
Li Yong: Deixe-me lhe apresentar minha namorada, Zhang Li.

wáng fāng.:　　hěn gāo xìng rèn shí nǐ, wǒ shì wáng fāng.
王　芳:　　　很 高　兴　认 识 你，我 是 王　芳。
Wang Fang: Muito feliz em conhecê-la, eu sou a Wang Fang.

zhāng lì:　hěn gāo xìng rèn shí nǐ,
张 丽:　很 高　兴　认 识 你。
Zhang Li: Muito feliz em conhecê-la.

lǐ yǒng:　wáng fāng shì wǒ de tóng shì.
李 勇:　王　芳　是 我 的 同　事。
Li Yong: Wang Fang é minha colega de trabalho.

Caracteres novos:

允许	yǔn xǔ	permitir
向	xiàng	para
介绍	jiè shào	apresentar
父母	fù mǔ	pais
女朋友	nǚ péng yǒu	namorada
男朋友	nán péng yǒu	namorado
非常	fēi cháng	muito/especialmente
荣幸	róng xìng	prazer
认识	rèn shí	conhecer
同事	tóng shì	colega de trabalho
女儿	nǚ er	filha
儿子	ér zi	filho

ASPECTOS CULTURAIS

气功 (qì gōng) é uma técnica milenar da China que tem como base histórica a medicina tradicional chinesa aliada à filosofia oriental. A prática do Qi gong significa cultivar a energia que envolve postura, movimento, respiração, emoção, meditação e consciência. Ao aprender a controlar a própria energia, o praticante aumenta sua qualidade de vida e adquire ferramentas para a autorrealização em todos os aspectos.

jīn tiān, míng tiān, zuó tiān
今天，明 天，昨 天
Hoje, amanhã, ontem

Notas:

"了 le" no final da frase (às vezes logo depois do verbo) expressa um tom afirmativo e indica um acontecimento passado ou a alteração de uma situação, se seguido de um adjetivo.

Verbo + "过 guò" significa um ato passado e já terminado. A ênfase é na experiência passada.

Exemplos:

zuó tiān wǒ qù le chāo shì.
昨 天 我 去 了 超 市。
Ontem eu fui ao supermercado.

wǒ yǐ jīng qù guò chāo shì le.
我 已 经 去 过 超 市 了。
Eu já fui ao supermercado.

jīn tiān nǐ (yào) qù shàng bān ma?
今天你（要）去上班吗？
Você vai trabalhar hoje?

jīn tiān nǐ de mā ma lái ma?
今天你的妈妈来吗？
A sua mãe vem hoje?

míng tiān wǒ (jiāng) yào qù zhōng guó.
明天我（将）要去中国。
Amanhã eu vou à China.

nǐ pàng le
你胖了。
Você engordou.

wǒ méi yǒu tīng guò zhōng guó yīn yuè
我没有听过中国音乐。
Eu nunca ouvi música chinesa.

Diálogo:

nǐ zuó tiān qù nǎ lǐ le?
A: 你昨天去哪里了？
Onde você foi ontem?

wǒ qù le xué xiào, nǐ ne?
B: 我去了学校，你呢？
Eu fui à escola, e você?

wǒ yě qù le xué xiào.
A: 我也去了学校。
Eu também fui á escola.

nǐ zǎo fàn chī (guò) le ma?
B: 你 早 饭 吃（过）了吗？
Você já tomou café da manhã?

wǒ yǐ jīng chī guò le, wǒ xiàn zài qù shàng bān, míng tiān jiàn.
A: 我已经吃过了，我现在去 上 班，明 天见。
Eu já comi, vou trabalhar agora, nos vemos amanhã.

míng tiān jiàn.
B: 明 天 见。
Até amanhã.

Caracteres novos:

前天	qián tiān	anteontem
昨天	zuó tiān	ontem
今天	jīn tiān	hoje
明天	míng tiān	amanhã
后天	hòu tiān	depois de amanhã
超市	chāo shì	supermercado
已经	yǐ jīng	já
上班	shàng bān	trabalhar
胖	pàng	gorda(o)
瘦	shòu	magra(o)
音乐	yīn yuè	música
将来	jiāng lái	futuro
过去	guò qù	passado

ASPECTOS CULTURAIS

Músicas tradicionais chinesas têm fortes características. Já existiam instrumentos musicais na sociedade primitiva de vários tipos e que podem ser divididos em instrumentos de assoprar (como a flauta, por exemplo), de esticar (como o erhu, 二胡, èr hú), de duas cordas (tocado como violino), de dedilhar (como o guzheng, 古筝, gǔ zhēng, que é tocado como violão), e de bater (como o tambor).

A Ópera Beijing é uma das óperas regionais mais famosas da China, com mais de 200 anos de história. A Ópera Beijing combina canto, recital, ação e luta acrobática. O canto segue certa melodia; o recital refere-se a monólogos e diálogos durante a performance; ação é o movimento corporal específico e a luta acrobática é dança de artes marciais.

nǐ zài zuò shén me?
你在做什么？
O que você está fazendo?

Notas:

你在......什么? (nǐ zài ...shén me?) pode usar verbos como 做 (zuò), 干 (gàn), 看 (kàn), 洗 (xǐ), 写 (xiě) etc.

在 (zài), 正在 (zhèng zài), 正 (zhèng), quando colocado antes do verbo significa ação em execução, que pode acontecer no passsado, no presente ou no futuro. Também pode ser usado simultaneamente com "呢 ne" no final da frase. 正在 (zhèng zài), 正 (zhèng) enfatizando mais a ação em progressão.

Substantivo ou pronome + 在 zài + lugar/direção indica o lugar em que está.

Alguns verbos não podem ser usados junto com 在 (zài): 是 (shì), 有 (yǒu), 来 (lái), 去 (qù), 认识 (rèn shi) etc.

Exemplos:

nǐ zài zuò shén me (ne)?
你在做什么（呢）？
O que você está fazendo?

zuó tiān wǎn shàng wǒ men zài kàn diàn shì
昨天晚上我们在看电视。
Ontem à noite nós estávamos assistindo à televisão.

xiàn zài ní jiě jie zài zuò wǎn fàn.
现在你姐姐在做晚饭。
Sua irmã está fazendo o jantar agora.

míng tiān zhè ge shí hòu wǒ zhèng zài fēi jī shàng ne.
明天这个时候我正在飞机上呢。
Amanhã a esta hora eu estarei no avião.

Diálogo:

nǚ ér: mā ma, nǐ zài gàn shén me?
女儿：妈妈，你在干什么？
Filha: Mamãe, o que você está fazendo?

mā ma: wǒ zài xǐ yī fú, nǐ ne?
妈妈：我在洗衣服，你呢？
Mãe: Estou lavando a roupa, e você?

nǚ ér: wǒ zhèng zài zuò gōng kè.
女儿：我正在做功课。
Filha: Estou fazendo lição de casa.

mā ma: nǐ (de) dì di zài gàn shén me?
妈妈：你(的)弟弟在干什么？
Mãe: O que o seu irmão está fazendo?

情景对话

nǚ ér: wǒ bù zhī dào, wǒ qù kàn kan.
女儿：我不知道，我去看看。
Filha: Eu não sei, eu vou ver.

。。。

nǚ ér: mā ma, tā zài xiě xìn.
女儿：妈妈，他在写信。
Filha: Mamãe, ele está escrevendo uma carta.

Caracteres novos:

做	zuò	fazer
干	gàn	fazer
电视	diàn shì	televisão
电影	diàn yǐng	filme
晚饭	wǎn fàn	jantar
早饭	zǎo fàn	café-da-manhã
午饭/中饭	wǔ fàn / zhōng fàn	almoço
洗	xǐ	lavar
衣服	yī fú	roupa
功课	gōng kè	lição de casa
知道	zhī dào	saber
飞机	zài fēi jī	avião
上	shàng	em cima/subir
下	xià	embaixo/descer
写	xiě	escrever
信	xìn	carta/correspondência

ASPECTOS CULTURAIS

No dia 15 de agosto do calendário chinês acontece o tradicional Festival de Meio Outono, chamado 中秋节 (zhōng qiū jié). Nesse dia, a tradição, tanto no território chinês quanto no exterior, é reunir a família para admirar a lua cheia e brilhante comendo 月饼 (yuè bǐng), pequenos bolos recheados que simbolizam a reunião familiar. Neste momento, as pessoas que estão longe de sua terra também olham para a lua cheia e saúdam sua terra e seus familiares.

情景对话

xiàn zài (shì) jǐ diǎn zhōng? xiàn zài shì shén me shí jiān?
现在(是)几点(钟)？现在是什么时间？
Que horas são? Qual horário de agora?

Notas:

Para falar sobre horas, usa-se 点 (钟) diǎn (zhōng) (hora), 半 bàn (meia hora), 刻 kè (quinze minutos), 分 (钟) fēn zhōng (minuto).

```
         jiǔ diǎn zhōng
9:00   九 点  钟
         jiǔ diǎn líng wǔ fēn
9:05   九 点 零 五 分
         jiǔ diǎn yí kè    jiǔ diǎn shí wǔ fēn
9:15   九 点 一 刻 = 九 点 十 五 分
         jiǔ diǎn bàn    jiǔ diǎn sān shí fēn
9:30   九 点 半 = 九 点 三 十 分
         jiǔ diǎn sān kè  jiǔ diǎn sì shí wǔ fēn  chà yí kè shí diǎn
9:45   九 点 三 刻 = 九 点 四 十 五 分 = 差 一 刻 十 点
         jiǔ diǎn wǔ shí wǔ fēn    shí diǎn chà wǔ fēn
9:55   九 点 五 十 五 分 = 十 点 差 五 分
```

"要 yào 。。。了 le" e "快 kuài 。。。了 le" são usados para indicar algo vai acontecer logo.

Exemplos:

qǐng wèn, xiàn zài (shì) jǐ diǎn(zhōng)?
请 问，现 在（是）几 点 (钟)？
Por favor, que horas são?

qǐng wèn ,xiàn zài shì shén me shí jiān.
请 问，现 在 是 什 么 时 间？
Por favor, qual horário de agora?

nǐ míng tiān jǐ diǎn zhōng qù shàng zhōng wén kè?
你 明 天 几 点 钟 去 上 中 文 课？
Amanhã, a que horas você vai fazer aula de chinês?

xiàn zài shì zǎo shàng qī diǎn sān shí wǔ fēn.
现 在 是 早 上 七 点 三 十 五 分。
Agora são sete horas e trinta e cinco minutos da manhã.

xiàn zài shì wǎn shàng shí diǎn yí kè.
现 在 是 晚 上 十 点 一 刻。
Agora são dez e quinze da noite.

Diálogo:

ér zi: qǐng wèn xiàn zài shì jǐ diǎn zhōng?
儿子: 请 问，现 在 是 几 点 钟？
Filho: Por favor, que horas são?

mā ma: xiàn zài shì bā diǎn shí fēn.
妈 妈: 现 在 是 八 点 十 分。
Mãe: Agora são oito horas e dez minutos.

ér zi: ā, wǒ yào chí dào le, mā ma, wǒ men kuài zǒu ba.
儿子:啊,我要迟到了,妈妈,我们 快 走 吧。
Filho: Ah, eu vou me atrasar, mamãe, vamos rápido.

mā ma: bié zháo jí, shí jiān lái dé jí, wǒ men hái yǒu èr shí
妈妈: 别 着急,时 间 来得及,我 们 还 有 二 十
fēn zhōng ne.
分 钟 呢。
Mãe: Não tenha pressa, há tempo, ainda temos 20 minutos.

ér zi: hǎo ba.
儿子: 好 吧。
Filho: Está bem.

Caracteres novos:

几	jǐ	quando
钟	zhōng	hora; relógio
时间	shíjiān	tempo
点	diǎn	hora
分	fēn	minuto
秒	miǎo	segundo
一刻	yí kè	15 minutos
半	bàn	30 minutos/metade
差	chà	falta; ruim
快	kuài	rápido
慢	màn	devagar
上课	shàng kè	inicia-se a aula; fazer aula
上课了	shàng kè le	iniciou-se a aula
着急	zháo jí	ter pressa
别	bié	não
来得及	lái dé jí	há tempo
来不及	lái bù jí	não dar tempo
还有	hái yǒu	ainda tem

ASPECTOS CULTURAIS

No calendário lunar chinês, há duas divisões sazonais em cada mês, totalizando 24 ao ano. Essa divisão sazonal é uma peculiaridade da China e tem sua origem em um longo período de trabalho durante o qual os antigos chineses foram reconhecendo gradativamente as regras de mudanças climáticas. De acordo com a relação entre o sol e a Terra, eles dividiram os dias do ano em 24 partes para indicar as mudanças de clima e de estação. Cada divisão ganhou um nome para indicar essas mudanças.

16

jīn tiān (shì) xīng qī jǐ?
今天（是）星期几？
Que dia da semana é hoje?

Notas:

一个星期 yí gè xīng qī = 一周 yì zhōu = 七天 qī tiān = 7 dias

Em chinês, o nome de tempo, quando usado como adjunto adverbial, pode ser colocado antes ou depois do sujeito:

wǒ xīng qī tiān qù jiào táng   xīng qī tiān wǒ qù jiào tàng
我 星期天去教堂 = 星期天我去教堂
Eu vou à igreja no domingo

Exemplos:

qǐng wèn   jīn tiān (shì) xīng qī jǐ?
请问，今天（是）星期几？
Por favor, que dia da semana é hoje?

yí gè xīng qī yǒu qī tiān.
一 个 星 期 有 七 天。
Uma semana tem sete dias.

tā mén měi gè xīng qī tiān qù hǎi biān
他 们 每 个 星 期 天 去 海 边。
Eles vão à praia todo domingo.

zuó tiān shì xīng qī yī, jīn tiān shì xīng qī èr.
昨 天 是 星 期 一，今 天 是 星 期 二。
Ontem foi segunda-feira, hoje é terça-feira.

zhè gè xīng qī liù shì wǒ de shēng rì.
这 个 星 期 六 是 我 的 生 日。
Este sábado é meu aniversário.

Diálogo:

qǐng wèn, jīn tiān (shì) xīng qī jǐ?
A: 请 问，今 天（是）星 期 几？
Por favor, que dia da semana é hoje?

jīn tiān shì xīng qī sān.
B: 今 天 是 星 期 三。
Hoje é quarta-feira.

xiè xie. shàng gè xīng qī wǔ nǐ wèi shén me méi yǒu lái?
A: 谢谢。 上 个 星 期 五 你 为 什 么 没 有 来？
Obrigado. Por que você não veio sexta-feira passada?

wǒ méi yǒu shí jiān lái.
B: 我 没 有 时 间 来。
Eu não tive tempo.

xià gè xīng qī tiān wǒ qù jiào táng, nǐ qù ma?
A: 下个星期天我去教堂，你去吗？
No próximo domingo eu vou à igreja, você vai ?

bù wǒ bù kě yǐ qù, wǒ yào qù lǚ xíng.
B: 不，我不可以去，我要去旅行。
Não, eu não posso ir . Eu vou viajar.

Caracteres novos:

星期/周	xīng qī/zhōu	semana
星期一	xīng qī yī	segunda-feira
星期二	xīng qī èr	terça-feira
星期三	xīng qī sān	quarta-feira
星期四	xīng qī sì	quinta- feira
星期五	xīng qī wǔ	sexta- feira
星期六	xīng qī liù	sábado
星期日/天	xīng qī rì/tiān	domingo
生日	shēng rì	aniversário
为什么	wèi shén me	por que
教堂	jiào táng	igreja
每天	měi tiān	todo dia
每个星期	měi gè xīng qī	toda semana
海	hǎi	mar
海边	hǎi biān	praia

ASPECTOS CULTURAIS

As quatro divindades, símbolos de fortuna na China Antiga, são 麒麟 (qí lín), 凤凰 (fèng huang), 龟 (guī) e 龙 (lóng). Excetuando-se a tartaruga (龟, guī), que é real, os outros animais são lendas criadas pelos antigos chineses.

Na lenda, o 麒麟 (qí lín) é um animal com corpo de veado coberto por escamas, com um chifre na cabeça, pés de cavalo e rabo de boi. É considerado um animal do bem, simbolizando a paz e a prosperidade. Exemplares do qí lín, feitos em cobre ou pedra, podem ser vistos no Palácio Imperial e no Palácio de Verão, em Beijing.

A fênix, 凤凰 (fèng huang), é um animal possuidor de uma linda coroa de plumas coloridas e é chamada de "rainha dos pássaros". Na lenda, indica fortuna, paz e bom governo. Juntamente com o dragão, a fênix é considerada um símbolo de poder e dignidade pelas monarquias antigas.

A tartaruga, 龟 (guī), é o único animal das quatro divindades que de fato existe. Vive muitos anos e é tido como símbolo de saúde e de longevidade.

O dragão, 龙 (lóng), é considerado o maior animal divino da China. Durante milhares de anos, foi símbolo de poder e dignidade para as monarquias feudais. A população também acredita que ele seja responsável pela transformação da virtude e da força. O dragão se tornou o símbolo da nação, e os chineses de todo o mundo se consideram descendentes dele.

jīn tiān (shì) jǐ yuè jǐ ri?
今天(是)几月几日？
Que dia é hoje?

Notas:

Tanto "日 rì" quanto "号 hào" significam "dia", porém, "日 rì" é mais usado na escrita, enquanto "号 hào" é usado na língua oral.

A ordem de expressar uma data é: ano, mês, dia.

"她多大了？(tā duó dà le?)" geralmente usada para perguntar a idade de uma pessoa entre adolescente até mais ou menos 50 anos.

"你的孩子几岁了？(nǐ de hái zi jǐ suì le?)" usado para perguntar a idade de uma criança menor que dez anos.

"你爷爷多大年纪了？(nǐ yé ye duō dà nián jì le?)" usado para perguntar a idade de uma pessoa mais velha.

Exemplos:

qǐng wèn, jīn tiān (shì) jǐ yuè jǐ rì?
请问，今天(是)几月几日？
Com licença, que dia e mês é hoje?

qǐng wèn, jīn tiān (shì) jǐ hào?
请问，今天(是)几号？
Com licença, que dia do mês é hoje?

jīn tiān shì èr líng líng bā nián sān yuè èrshí yī rì.
今天是２００８年３月２１日。
Hoje é dia 21 de março de 2008.

nǐ de shēng rì shì jǐ yuè jǐ rì?
你的生日是几月几日？
Que dia é seu aniversário?

nǐ de hái zi jǐ suì le?
你的孩子几岁了？
Quantos anos tem o seu/sua filho(a)?

nǐ yé ye duō dà nián jì le?
你爷爷多大年纪了？
Quandos anos tem o seu avô?

Diálogo:

情景对话

A: qǐng wèn, nǐ zhī dào jīn tiān shì jǐ yuè jǐ rì?
A:请问，你知道今天是几月几日？
Com licença, você sabe que dia e mês é hoje?

B: jīn tiān shì èr líng líng bā nián sì yuè shí bā hào.
B:今天是2008年4月18号。
Hoje é dia 18 de abril de 2008.

A: xiè xie, nǐ de shēng rì shì nǎ yì tiān?
A:谢谢，你的生日是哪一天？
Obrigado, que dia é seu aniversário?

B: wǒ de shēng rì shì zhè gè xīng qī sì sì yuè èr shí hào.
B:我的生日是这个星期四，4月20号。
Meu aniversário é nesta quinta-feira, dia 20 de abril.

A: wǒ mèi mei de shēng rì yě shì zhè gè xīng qī sì.
A:我妹妹的生日也是这个星期四。
O aniversário da minha irmã também é nesta quinta-feira.

B: tā duō dà le?
B:她多大了？
Quantos anos ela tem?

A: tā jīn nián shí èr suì, yī jiǔ jiǔ liù nián chū shēng de.
A:她今年十二岁，1996年出生的。
Este ano ela faz 12 anos, ela nasceu em 1996.

Caracteres novos:

月	yuè	mês/lua
日	rì	dia
号	hào	dia; número

年	nián	ano
去年	qù nián	ano passado
今年	jīn niān	este ano
明年	míng niān	ano que vem
岁	suì	idade; ano
几岁	jǐ suì	quantos anos (de idade)
出生	chū shēng	nascer
出生日期	chū shēng rì qī	data de nascimento
多	duō	muito
年纪	nián jì	idade
孩子	hái zi	criança
大	dà	grande
小	xiǎo	pequeno

ASPECTOS CULTURAIS

Segundo uma tradição da China, quando uma pessoa nasce, é comum ter um animal (属相, shǔ xiàng) para simbolizar aquele ano. 属相 (shǔ xiàng), também chamado 生肖 (shēng xiāo), é uma forma tradicional de numerar o ano e calcular a idade de alguém. Hoje, apesar de os chineses usarem o calendário solar, eles continuam usando tais símbolos para designar o signo chinês. São doze animais, cada um simbolizando um ano:

鼠	shǔ	—	rato	马	mǎ	—	cavalo
牛	niú	—	boi	羊	yáng	—	carneiro
虎	hǔ	—	tigre	猴	hóu	—	macaco
兔	tù	—	coelho	鸡	jī	—	galinha
龙	lóng	—	dragão	狗	gǒu	—	cachorro
蛇	shé	—	cobra	猪	zhū	—	porco

wǒ xǐ huān... wǒ ài...
我喜欢。。。我爱。。。
Eu gosto de... Eu amo...

Notas:

"只 zhī" pode ser usado como unidade de contagem, como em "一只杯子 yì zhī bēi zi (um copo)", e quando colocado antes do verbo significa "somente"

"太 tài + adjetivo + le" enfatiza o adjetivo, expressa a insatisfação ou elogio, exclamação

Exemplos:

wǒ xǐ huān chī bīng qī lín.
我喜欢吃冰淇淋。
Eu gosto de tomar sorvete.

tā xǐ huān zhōng guó cài, kě shì tā de tài tai xǐ huān fǎ guó cài.
他喜欢中国菜,可是他的太太喜欢法国菜。
Ele gosta de comida chinesa, mas sua esposa gosta de comida francesa.

wǒ zhàng fu zhǐ xǐ huān hē kuàng quán shuǐ.
我丈夫只喜欢喝矿泉水。
Meu marido só gosta de tomar água mineral.

wǒ bù xǐ huān dōng tiān, tài lěng le.
我不喜欢冬天,太冷了。
Eu não gosto do inverno, é frio demais.

nǐ zuì xǐ huān shuí?
你 最 喜 欢 谁？
De quem você mais gosta?

wǒ ài nǐ.
我 爱 你。
Eu amo você.

Diálogo:

nǐ zuì xǐ huān zuò shén me?
A: 你 最 喜 欢 做 什 么？
O que você mais gosta de fazer?

wǒ zuì xǐ huān lǚ xíng.
B: 我 最 喜 欢 旅 行。
O que eu mais gosto de fazer é viajar.

nǐ qù guò zhōng guó ma?
A: 你 去 过 中 国 吗？
Você já foi à China?

hái méi yǒu, wǒ xià gè yuè qù běi jīng.
B: 还 没 有，我 下 个 月 去 北 京。
Ainda não, mês que vem vou à Beijing.

wǒ hěn xǐ huān chī běi jīng kǎo yā.
A: 我 很 喜 欢 吃 北 京 烤 鸭。
Eu gosto muito de comer pato assado de Beijing.

wǒ ài chī xiǎo lóng bāo.
B: 我 爱 吃 小 笼 包。
Eu amo comer Xiao Long Bao.

Caracteres novos:

喜欢	xǐ huān	gostar
爱	ài	amar; amor
不喜欢	bù xǐ huān	não gostar
冰淇淋	bīng qī lín	sorvete
中国菜	zhōng guó cài	comida chinesa
法国菜	fǎ guó cài	comida francesa
可是	kě shì	mas
只	zhǐ	só
矿泉水	kuàng quán shuǐ	água mineral
冬天	dōng tiān	inverno
夏天	xià tiān	verão
春天	chūn tiān	primavera
秋天	qiū tiān	outono
太	tài	de mais
冷	lěng	frio/gelado
热	rè	calor/quente
还没有	hái méi yǒu	ainda não
最	zuì	o mais

情景对话

ASPECTOS CULTURAIS

A cultura da culinária chinesa tem uma longa história e é dividida em oito grandes tipos: nordeste 鲁菜 lǔ cài (山东, shān dōng), sichuan 川菜 chuān cài (四川, sì chuān), sudeste 苏菜 (江苏, jiāng shū), hunan 湘菜 (湖南, hú nán), anhui 徽菜 huī cài (安徽, ān huī), zhejiang 浙菜 zhè cài (浙江, zhè jiāng), fujian 闽菜 mǐn cài (福建, fu jian) e guangdong 粤菜 yuè cài (广东, guǎng dōng).

Cada tipo de culinária tem seu sabor característico e seus pratos típicos. Por exemplo, a do tipo nordeste inclui muitos pratos de frutos do mar por ser uma região próxima ao mar; já a sichuan é famosa por seu sabor apimentado.

qǐng wèn, qù... zěn me zǒu?/zěn me qù?
请问，去。。。怎么走？/怎么去？

Por favor, como faço para ir a...? / como chegar...?

Notas:

去。。。怎么走? (qù...zěn me zǒu ?) é geralmente usado para perguntar o caminho/direção, enquanto 怎么去? (zěn me qù?) ou 怎么走? (zěn me zǒu?) são usados para perguntar o meio utilizado para chegar a algum lugar.

又。。。又。。。 (yòu ... yòu ...) (não só... mas também...) é usado para conectar adjetivos, verbos para denotar a coexistência simultânea de duas condições ou estados.

Exemplos:

qǐng wèn, qù shì zhōng xīn zěn me zǒu?
请问，去市中心怎么走？
Com licença, como faço para ir ao centro da cidade?

nǐ zěn me qù xué xiào?
你怎么去学校？
Como você vai à escola?

qǐng wèn, zuò huǒ chē qù nán jīng yào duō shǎo shí jiān?
请问，坐火车去南京要多少时间？
Com licença, quanto tempo leva para ir de trem a Nan Jing?

nǐ men kě yǐ zuò chū zū chē qù.
你们可以坐出租车去。
Vocês podem ir de táxi.

wǒ bù zhī dào qù nǐ mén jiā zěn me zǒu?
我 不 知 道 去 你 们 家 怎 么 走？
Não sei como chegar à casa de vocês.

Diálogo:

qǐngwèn, qù rén mín guǎng chǎng zěn me zǒu?
A: 请 问，去 人 民 广 场 怎 么 走？
Com licença, como faço para chegar à Praça do Povo?

nǐ mén kě yǐ zuò dì tiě qù, yòu fāng biàn yòu pián yí.
B: 你 们 可 以 坐 地 铁 去，又 方 便 又 便宜。
Vocês podem ir de metrô, é barato e fácil.

zuò nǎ tiáo xiàn néng dào?
A: 坐 哪 条 线 能 到？
Que linha devemos pegar para chegar?

zuò dì tiě yī hào xiàn néng dào, chū le zhàn wǎng nán zǒu
B: 坐 地 铁 一 号 线 能 到，出 了 站 往 南 走
wǔ bǎi mǐ jiù dào le.
500 米 就 到 了。
Há como chegar tomando a linha um do metrô. Saindo da estação, ande quinhentos metros em direção ao sul e já estará lá.

hěn yuǎn ma?
A: 很 远 吗？
É muito longe?

bú tài yuǎn.
B: 不 太 远。
Não muito.

xiè xie.
A: 谢 谢。
Obrigado.

Caracteres novos:

怎么	zěn me	como
城市	chéng shì	cidade/município
中心	zhōng xīn	centro
火车	huǒ chē	trem
出租车	chū zū chē	táxi
地铁	dì tiě	metrô
远	yuǎn	longe
近	jìn	perto
公车	gōng chē	ônibus
人民广场	rén mín guǎng chǎng	Praça do Povo
方便	fāng biàn	fácil/conveniente
便宜	pián yí	barato
线	xiàn	linha
站	zhàn	estação
南	nán	sul
北	běi	norte
东	dōng	leste
西	xī	oeste

ASPECTOS CULTURAIS

A China é um dos quatro países do mundo com as civilizações mais antigas. As quatro grandes invenções da Antiga China são: a bússola (指南针, zhǐ nán zhēn), o papel (造纸, zào zhǐ), a tipografia móvel para impressão (印刷, yìn shuā) e a pólvora (火药, huǒ yào).

Além dessas grandes invenções, tivemos inúmeras outras, como o primeiro sismógrafo e o primeiro instrumento astronômico (criado há 1,8 mil anos), além do cálculo de π até o valor do sétimo decimal (há 1,5 mil anos).

nǐ shì zuò shén me (gōng zuò) de?
你 是 做 什 么 (工作) 的？
Em que você trabalha?

Notas:

你是做什么的? (nǐ shì zuò shén me de?) usado para perguntar a profissão de uma pessoa = 你的职业是什么？ (nǐ de zhí yè shì shén me?)

Exemplos:

qǐng wèn, nǐ shì zuò shén me gōng zuò de?
请 问，你 是 做 什 么 工 作 的？
Com licença, em que você trabalha?

wǒ shì yī shēng.
我 是 医 生。
Eu sou médico(a)

nǐ mén shì xué shēng ma?
你 们 是 学 生 吗？
Vocês são estudantes?

tā shì wǒ de zhōng wén lǎo shī.
她 是 我 的 中 文 老 师。
Ela é minha professora de chinês.

Diálogo:

qǐng wèn, nǐ shì zuò shén me gōng zuò de?
A: 请 问，你 是 做 什 么 工 作 的？
Com licença, em que você trabalha?

wǒ shì diàn nǎo gōng chéng shī.
B: 我是电脑工程师。
Sou engenheiro(a) de informática.

nǐ zài nǎ li shàng bān?
A: 你在哪里上班？
Onde você trabalha?

wǒ zài yì jiā gōng sī shàng bān, nǐ ne?
B: 我在一家公司上班，你呢？
Eu trabalho em uma firma, e você?

wǒ shì dà xué shēng, xué jīng jì de.
A: 我是大学生，学经济的。
Eu sou universitário, estudo Economia.

nǐ zài nǎ gè dà xué niàn shū?
B: 你在哪个大学念书？
Em qual faculdade você estuda?

qīng huá dà xué
A: 清华大学。
Universidade Qing Hua.

Caracteres novos:

工作	gōng zuò	trabalho
职业	zhí yè	profissão
医生	yī shēng	médico(a)
学生	xué shēng	estudante
大学	dà xué	universidade
小学	xiǎo xué	escola primária
中学	zhōng xué	escola secundária
大学生	dà xué shēng	universitário
中学生	zhōng xué shēng	aluno do ensino médio

小学生	xiǎo xué shēng	aluno do ensino fundamental
工程师	gōng chéng shī	engenheiro(a)
电脑	diàn nǎo	computador
公司	gōng sī	firma/empresa
经济	jīng jì	economia
律师	lǜ shī	advogado(a)

ASPECTOS CULTURAIS

Na China, em ocasiões como ano novo, casamento e outros dias de festa, as pessoas gostam de decorar suas casas e objetos com figuras auspiciosas para comemorar e desejar a felicidade.

Existe uma grande variedade dessas figuras que surgiram na dinastia Zhou e que têm mais de 3 mil anos de história. A figura com duas felicidades representa o extremo auspício, sendo geralmente usada em casamentos. A figura feita com o caractere que significa a longevidade é muito usada nos aniversários de pessoas com mais idade.

zhù...

祝。。。

Desejar.../parabenizar...

Notas:

祝 (zhù) / 祝愿 (zhù yuàn) é usado para desejar
祝 (zhù) / 祝贺 (zhù hè) é usado para parabenizar

Exemplos:

zhù nǐ shēng rì kuài lè!
祝你 生日快乐!
Feliz aniversário!

zhù yuàn nǐ mén lǚ xíng yú kuài!
祝 愿 你们旅行 愉 快!
Desejo-lhes uma boa viagem!

zhù dà jiā shèng dàn kuài lè!
祝 大 家 圣 诞 快乐!
Desejo a todos um feliz Natal!

zhù nǐ hǎo yùn!
祝你好 运!
Desejo-lhe boa sorte!

zhù nǐ chéng gōng!
祝你 成 功!
Desejo-lhe sucesso!

zhù hè nǐ!
祝 贺你!
Parabéns!

Diálogo:

wáng xiǎo jiě: zhāng xiān sheng, zhù nǐ shēng rì kuài lè!
王 小 姐: 张 先 生，祝你生 日快乐!
Srta. Wang: Sr. Zhang, feliz aniversário!

zhāng xiān sheng: xiè xie.
张 先 生: 谢谢!
Sr. Zhang: obrigado!

wáng xiǎo jiě: xià gè xīng qī nǐ yào qù chū chāi ma?
王 小 姐: 下个星期你要去出差吗?
Srta. Wang: você vai viajar a trabalho na semana que vem?

zhāng xiān sheng: shì de, wǒ xià gè xīng qī qù bā xī.
张 先 生: 是的，我下个星期去巴西。
Sr. Zhang: Sim, semana que vem eu vou ao Brasil.

wáng xiǎo jiě: zhù nǐ lǚ tú yú kuài. zhù nǐ hǎo yùn!
王 小 姐: 祝你旅途愉快，祝你好运！
Srta. Wang: Desejo-lhe uma boa viagem e boa sorte!

zhāng xiān sheng: fēi cháng gǎn xiè.
张 先 生: 非常感谢。
Sr. Zhang: Muito obrigada!

Caracteres novos:

快乐	kuài lè	feliz
愉快	yú kuài	alegre
出差	chū chāi	viajar a trabalho
旅行	lǚ xíng	viajar
旅途	lǚ tú	viagem
好运	hǎo yùn	boa sorte
成功	chéng gōng	sucesso
大家	dà jiā	todos
圣诞	shèng dàn	Natal
新年	xīn nián	ano novo

ASPECTOS CULTURAIS

O Natal e o ano novo ocidental são festas bastante comemoradas pelos jovens chineses das grandes cidades. Eles enviam cartões e mensagens para desejar feliz Natal e bom ano novo, porém o ano novo chinês ainda é uma das festas mais importantes e mais comemoradas.

22 zài jī chǎng
在机场
No aeroporto

Notas:

有什么 (yǒu shěn me)... ter algo
没有什么 (méi yǒu shěn me)... não ter nada

Os números de telefone, celular, placa de carro, ano, número de vôo etc. devem ser lidos um a um. "1" geralmente é lido como "yāo", "2" é lido como "èr" e "0" é lido como "líng".

Exemplos:

qǐng chū shì nǐ de hù zhào.
请 出 示 你 的 护 照。
Por favor, apresente seu passaporte.

nǐ yǒu shěn me yào shēn bào de ma?
你 有 什 么 要 申 报 的 吗？
Você tem algo a declarar?

huān yíng lái shàng hǎi.
欢 迎 来 上 海。
Seja bem-vindo a Shanghai.

qǐng wèn, nǐ de háng bān hào mǎ?
请问，你的航 班号码？
Com licença, qual o seu número de vôo?

qǐng wèn, shí hào dēng jī kǒu zài nǎ li?
请问，10号 登机口在哪里？
Com licença, onde é o portão de embarque número 10?

Diálogo:

hǎi guān gōng zuò rén yuán: qǐng wèn, nǐ de xíng li zài nǎ li?
海 关 工 作 人 员: 请问, 你的行李在哪里？
Funcionário da alfândega: Com licença, onde está a sua bagagem?

chéng kè: zài zhè li, xiān sheng.
乘 客: 在这里，先 生。
Passageiro: Está aqui, senhor.

hǎi guān gōng zuò rényuán: jiù zhè gè ma?
海 关 工 作 人 员: 就这个吗？
Funcionário da alfândega: É só essa?

chéng kè: shì de, xiān sheng.
乘 客: 是的，先 生。
Passageiro: Sim, senhor.

情景对话

hǎi guān gōng zuò rén yuán: nǐ yǒu shén me yào shēn bào de ma?
海关 工作 人员：你 有 什 么 要 申 报 的 吗？

Funcionário da alfândega: Você tem algo a declarar?

chéng kè: méi yǒu, wǒ méi yǒu shén me yào shēn bào de.
乘 客：没 有，我 没 有 什 么 要 申 报 的。

Passageiro: Não, não tenho nada a declarar.

Caracteres novos:

机场	jī chǎng	aeroporto
出示	chū shì	apresentar/mostrar
护照	hù zhào	passaporte
机票	jī piào	passagem de avião
申报	shēn bào	declarar
航班	háng bān	número de vôo
号码	hào mǎ	número
10号	shí hào	número dez
登机口	dēng jī kǒu	portão de embarque
海关	hǎi guān	alfândega
工作人员	gōng zuò rén yuán	funcionário
行李	xíng li	bagagem
乘客	chéng kè	passageiro

ASPECTOS CULTURAIS

Antigamente, era necessário papel, bastão de tinta, pincel chinês e pedra de tinta para poder escrever ou pintar. Tais instrumentos eram chamados 文房四宝 (wén fáng si bǎo, quatro tesouros de estudo).

O melhor papel usado para escrever ou pintar com pincel chinês era o papel xuan (宣纸, xuān zhǐ). Neste, as características da caligrafia e da pintura chinesas são mais bem representadas, e ele pode ser guardado por muito tempo sem sofrer danos naturais. Muitas obras antigas desse tipo foram bem preservadas por mais de mil anos.

Os caligrafistas e artistas dão muita importância para a qualidade do bastão de tinta, inicialmente produzido na dinastia Tang (618-907 d.C.). A melhor marca é da província 安徽 (ān huī), às vezes sofrendo o acréscimo de fragrância medicinal e até de flocos de ouro. O melhor pincel chinês é produzido na província 浙江 (zhè jiāng), feito com pêlos de carneiro, de coelho ou de doninha. A pedra de tinta é usada para amolar o bastão, junto com um pouco de água para produzir o pigmento.

zài fàn diàn
在 饭 店
No restaurante

Notas:

把 bǎ: é usado para descrever uma situação em que ocorre uma ação ativo, ou seja, a ação de algo/alguém muda algo/alguém

被 bèi: é usado para descrever uma situação em que ocorre um ato passivo, ou seja, algo/alguém sofre uma ação ativa

好吃 hǎo chī (comida gostosa), 很好吃 hěn hǎo chī /真好吃 zhēn hǎo chī (comida muito gostosa)

Exemplos:

wǒ è le, wǒ mén qù chī fàn hǎo ma?
我饿了，我们去吃饭好吗？
Estou com fome, vamos comer?

qǐng wèn, nǐ mén xiǎng hē (diǎn) shěn me?
请问，你们想喝（点）什么？
Com licença, vocês querem beber algo?

nǐ mén xiàn zài diǎn cài ma?
你们现在点菜吗？
Vocês vão fazer o pedido agora?

qǐng nǐ bǎ zhè gè dǎ bāo
请你把这个打包。
Embrulhe isto para viagem, por favor.

yí gòng duō shǎo qián?
一共多少钱？
Quanto ficou no total?

kě yǐ yòng xìn yòng kǎ fù zhàng ma?
可以用信用卡付帐吗？
Posso usar cartão de crédito para pagar a conta?

Diálogo:

fú wù yuán: wǎn shàng hǎo!
服务员：晚上好！
Garçom (Garçonete): Boa noite!

情景对话

gù kè 1: wǎn shàng hǎo! wǒ yào yì bēi pí jiǔ, tā yào qì shuǐ.
顾客1: 晚 上 好！我 要一杯啤酒，她要汽水。
Cliente 1: Boa noite! Eu quero uma cerveja, ela quer um refrigerante.

fú wù yuán: hǎo de, nǐ mén xiǎng chī diǎn shěn me?
服务员: 好的, 你们 想 吃 点 什么？
Garçom (Garçonete): Está bem, o que vocês gostariam de comer?

gù kè 1: nǐ mén yǒu méi yǒu kǎo yā?
顾客1: 你们 有 没 有烤鸭？
Cliente 1: Vocês têm pato assado?

fú wù yuán: hěn bào qiàn, jīn tiān méi yǒu.
服务员: 很 抱 歉，今天 没 有。
Garçom(Garçonete): Desculpe, hoje não temos.

gù kè 1: nà wǒ yào yí fèn xiǎo lóng bāo.
顾客1: 那我要一份 小 笼 包。
Cliente 1: Então eu quero uma porção de Xiao Long Bao.

gù kè 2: wǒ yào yì wǎn hún tun.
顾客2: 我 要 一 碗 馄 饨。
Cliente 2: Eu quero uma tigela de Hun Tun.

。。。

gù kè 1: zhēn hǎo chī!
顾客1: 真 好 吃!
Cliente 1: É muito gostoso!

Caracteres novos:

| 饭店 | fàn diàn | restaurante |
| 顾客 | gù kè | cliente |

餐馆	cān guǎn	restaurante/refeitório
服务员	fú wù yuán	garçom/garçonete
饿	è	fome
饱	bǎo	satisfeito (oposto de fome)
吃	chī	comer
喝	hē	beber
吃饭	chī fàn	comer refeição
点菜	diǎn cài	pedir comida
打包	dǎ bāo	embrulhar para viagem
一共	yí gòng	no total
钱	qián	dinheiro
信用卡	xìn yòng kǎ	cartão de crédito
付帐	fù zhàng	pagar a conta
啤酒	pí jiǔ	cerveja
汽水	qì shuǐ	refrigerante
烤鸭	kǎo yā	pato assado
小笼包	xiǎo lóng bāo	pão no vapor
馄饨	hún tun	guioza
真	zhēn	real
好吃	hǎo chī	gostoso (comida)
杯	bēi	unidade de contagem (de que vem no copo)
杯子	bēi zi	copo
份	fèn	uma porção
碗	wǎn	tigela

ASPECTOS CULTURAIS

小笼包 (xiǎo lóng bāo) e 馄饨 (hún tun) são comidas muito populares na China. Enquanto o 小笼包 (xiǎo lóng bāo) é feito a vapor, o 馄饨 (hún tun) é ensopado. Outra comida popular e deliciosa é o 生煎 (shēng jiān), que é frito em óleo junto com água.

24 zài shāng diàn
在 商 店
Na loja

Notas:

好看 hǎo kàn (bonito/a), 很好看 hěn hǎo kàn /真好看 zhēn hǎo kàn (muito bonito/a)

一个多少钱 yí gè duō shǎo qián? = 多少钱一个 duō shǎo qián yí gè?: Quando custa cada um/uma?

A moeda da China se chama "人民币 rén mín bi" e as unidades são: "元 yuán (cem centavos)", "角 jiǎo (dez centavos)", "分 fēn (centavo)". Na língua oral, fala se "块 kuài", "毛 máo" e "分 fēn", respectivamente.

"件 jiàn" é unidade de contagem usada para roupas da parte superior do corpo, incluindo vestidos, enquanto "条 tiáo" é usada para calças e saias.

"尺 chǐ" e "寸 cùn" são medidas de comprimento ainda usadas na China; "尺寸 chǐ cùn" significa "tamanho de objetos".

Exemplos:

wǒ xiǎng mǎi yí jiàn lán sè de wài tào.
我 想 买 一 件 蓝色的外套。
Eu quero comprar um casaco azul.

zhè tiáo kù zi tài dà le.
这 条 裤 子 太 大 了。
Esta calça é grande demais.

qǐng wèn, zhè jiàn chèn shān duō shǎo qián?
请 问，这 件 衬 衫 多 少 钱？
Com licença, quanto custa esta camisa?

nà tiáo hóng sè de qún zi yǒu méi yǒu xiǎo hào de?
那 条 红色的 裙子有没 有 小 号 的？
Aquela saia vermelha tem tamanho pequeno?

wǒ hěn xǐ huān zhè jiàn yī fu, kě xī méi yǒu wǒ de chǐ cùn.
我 很 喜 欢 这 件 衣 服，可 惜 没 有 我 的 尺 寸。
Eu gostei muito desta roupa, pena que não tem no meu tamanho.

yí gòng shì sān bǎi wǔ shí liù yuán rén mín bì.
一 共 是三百五十六元 人 民币。
No total ficou trezentos e cinqüenta e seis iuanes ren ming bi.

Diálogo:

gù kè: qǐng wèn, nǐ mén yǒu méi yǒu sī chóu lián yī qún?
顾客： 请 问，你 们 有 没 有丝绸 连衣裙？
Cliente: Por favor, vocês têm vestido de seda?

yíng yé yuán: yǒu de, yǒu hěn duō kuǎn shì, nǐ kě yǐ kàn yí xià.
营业员： 有的，有 很 多 款 式，你可以看一下。
Vendedor(a): Sim, temos vários modelos, você pode dar uma olhada.

gù kè: zhè jiàn hěn hǎo kàn, yǒu zhōng hào de ma?
顾客： 这件 很 好 看，有 中 号的吗？
Cliente: Este é muito bonito, tem tamanho médio?

yíng yé yuán: yǒu, zài zhè lǐ.
营业员： 有，在 这里。
Vendedor(a): Sim, está aqui.

gù kè: wǒ kě yǐ shì yí xià ma?
顾客： 我可以试 一下吗？
Cliente: Posso experimentar?

yíng yé yuán: dāng rán kě yǐ.
营 业 员： 当 然 可 以。
Vendedor(a): Claro que sim.

gù kè: zhè jiàn duō shǎo qián?
顾 客： 这 件 多 少 钱？
Cliente: Quanto custa este?

yíng yé yuán: yì bǎi èr shí wǔ yuán rén mín bì.
营 业 员： 一 百 二 十 五 元 人 民 币。
Vendedor(a): Cento e vinte e cinco iuanes ren ming bi.

情景对话

Caracteres novos:

商店	shāng diàn	loja
外套	wài tào	casaco
裤子	kù zi	calça
衬衫	chèn shān	camisa
裙子	qún zi	saia
连衣裙	lián yī qún	vestido
衣服	yī fu	roupa
尺寸	chǐ cùn	tamanho
红色	hóng sè	vermelho
蓝色	lán sè	azul
可惜	kě xī	infelizmente/pena
丝绸	sī chóu	seda
款式	kuǎn shì	modelo
好看	hǎo kàn	bonito(a)
试	shì	provar/experimentar
元	yuán	medida da moeda chinesa, equivale a cem centavos
角	jiǎo	medida da moeda chinesa, equivale a dez centavos
分	fēn	medida de moeda chinesa, centavo

块	kuài	=元, usado na língua oral
毛	máo	=角, usado na língua oral
人民币	rén mín bì	nome da moeda chinesa

ASPECTOS CULTURAIS

A China foi o primeiro país a produzir seda, há aproximadamente 4 mil anos. O tecido é classificado em 绫 lín, 罗 luó, 绸 chóu, 缎 duàn, 纱 shā, 绮 qǐ etc.

Na dinastia Han, há 2 mil anos atrás, o famoso diplomata Zhang Qian (张骞) abriu a "rota da seda" (丝绸之路, sī chóu zhi lù) para a Ásia Ocidental e a Europa, por meio das quais a China estabeleceu contatos com outros países. Essa rota teve origem no leste, pela cidade 长安 (cháng ān), e se estendeu até o oeste, chegando ao litoral leste do Mediterrâneo e do Império Romano. As caravanas comerciais chinesas levavam grande quantidade de seda para trocá-la com comerciantes da Pérsia, Índia e Grécia por produtos como nozes, uva e cenoura.

zài yī yuàn
在医院
No hospital

Notas:

去看医生 (qù kàn yī shēng) significa "ir ao médico".

很 hěn + adjetivo: o adjetivo funciona como predicado. Este tipo de frase é usado para descrever/avaliar alguém/algo ou o estado emocional de alguém; não é necessário colocar "是 shì" antes do adjetivo.

Exemplos:

yī shēng, wǒ de nǚ ér hǎo xiàng zài fā shāo.
医 生，我 的 女儿 好 像 在 发 烧。
Doutor(a), parece que minha filha está com febre.

wǒ de tóu hěn tòng.
我 的 头 很 痛。
Estou com muita dor de cabeça.

wǒ gǎn jué bù shū fu.
我 感 觉 不 舒 服。
Não estou me sentindo bem.

tā zài ké sòu, yǒu hěn duō tán.
他 在 咳 嗽，有 很 多 痰。
Ele está com tosse, tem muito catarro.

tā jīn tiān lā le si cì dù zi.
她 今 天 拉 了 四 次 肚 子。
Hoje ela teve diarréia quatro vezes.

Diálogo:

bìng rén: yī shēng, wǒ cóng zuó tiān kāi shǐ fā shāo,
病 人: 医 生，我 从 昨 天 开 始 发 烧，
sān shí jiǔ dù.
3 9 度。
Paciente: Doutor(a), eu estou com febre desde ontem, 39 graus.

yī shēng: qí tā hái yǒu shěn me gǎn jué ma?
医 生: 其它 还 有 什 么 感 觉 吗？
Doutor(a): Há outros sintomas?

bìng rén: wǒ de hóu lóng yě hěn tòng.
病 人: 我 的 喉 咙 也 很 痛。
Paciente: Minha garganta também dói muito.

yī shēng: ràng wǒ kàn yí xià.
医 生: 让 我 看 一 下。
Doutor(a): Deixe-me ver.

yī shēng: nǐ de hóu lóng fā yán le, chī diǎn kàng shēngsù jiù
医 生: 你的 喉 咙 发 炎 了, 吃 点 抗 生 素 就
huì hǎo de.
会 好 的。
Doutor(a): Sua garganta está infeccionada, após tomar antibiótico vai melhorar.

bìng rén: xiè xie!
病 人: 谢谢！
Paciente: Obrigada!

Caracteres novos:

医院	yī yuàn	hospital
好像	hǎo xiàng	aparentemente
发烧	fā shāo	febre
头	tóu	cabeça
痛/疼	tòng / téng	dor
感觉	gǎnjué	sensação/sentir
舒服	shū fu	confortável
咳嗽	ké sòu	tosse
痰	tán	catarro
拉肚子	lā dù zi	diarréia
喉咙	hóu lóng	garganta
其它	qí tā	outros
发炎	fā yán	infecção
抗生素	kàng shēng sù	antibiótico

ASPECTOS CULTURAIS

A medicina tradicional chinesa tem mais de 5 mil anos e inclui acupuntura, moxabastão, fitoterapia e massoterapia. Seus pontos de vista para diagnóstico e tratamento são bem estabelecidos e diferentes da medicina ocidental. O primeiro livro de medicina tradicional chinesa, 黄帝内经 (huáng dì nèi jīng, Compêndio de Medicina Interna do Imperador Amarelo), catalogou sistematicamente a experiência médica obtida antes de 221 a.C. e fundamentou as bases de sua teoria.

dǎ diàn huà
打 电 话
Fazer telefonema

Notas:

"从...到..." (cóng... dào...) funciona como um advérbio e pode ser usado para indicar o início e o término de uma distância ou um período de tempo, por exemplo:

从上海到北京 cóng shàng hǎi dào běi jīng: de Shanghai a Beijing

从八点到十二点 cóng bā diǎn dào shí èr diǎn: das oito ao meio-dia

"还没有..." (hái méi yǒu) sugere uma ação não começada ou completada, mas que está prestes a começar ou terminar.

Exemplos:

wèi, nǐ hǎo, qǐng wèn lǐ xiān shēng zài jiā ma?
喂，你好，请 问 李 先 生 在 家 吗？
Alô, o Sr. Li está, por favor?

wǎn shàng hǎo, wǒ kě yǐ gēn ān nà jiǎng huà ma?
晚 上 好，我 可 以 跟 安 娜 讲 话 吗？
Boa noite, poderia falar com a Ana?

qǐng wèn, zhè lǐ kě yǐ dǎ cháng tú diàn huà ma?
请 问，这 里 可 以 打 长 途 电 话 吗？
Por favor, é possível fazer ligação a longa distância daqui?

cóng shàng hǎi dǎ dào bā xī de cháng tú diàn huà hěn guì ma?
从 上 海 打 到 巴 西 的 长 途 电 话 很 贵 吗？
Ficaria muito caro ligar de Shanghai para o Brasil?

cóng zhè lǐ dǎ dào běi jīng měi fēn zhōng wǔ máo qián.
从 这 里 打 到 北 京 每 分 钟 五 毛 钱。
Ligar daqui para Beijing custa cinqüenta centavos por minuto.

Diálogo:

nǐ hǎo, zhè lǐ shì huá xīn gōng sī.
A: 你好，这里是 华 新 公 司。
Olá, aqui é a empresa Hua Xin.

nǐ hǎo, wǒ kě yǐ gēn wáng jīng lǐ jiǎng huà ma?
B: 你好，我 可 以 跟 王 经 理 讲 话 吗？
Olá, eu poderia falar com o gerente Wang?

tā hái méi yǒu dào, qǐng wèn nǐ shì nǎ yí wèi?
A: 他 还 没 有 到，请 问 你 是 哪 一 位？
Ele ainda não chegou, quem gostaria?

wǒ shì tā de péng yǒu, zhāng yàn.
B: 我 是 他 的 朋 友， 张 燕。
Eu sou amigo dele, Zhang Yan.

A: zhāng yàn, nǐ hǎo, nǐ kě yǐ dǎ tā de shǒu jī.
张　燕,你好,你可以打他的手机。
Oi, Zhang Yan, você pode ligar para o celular dele.

B: qǐng wèn tā de shǒu jī hào mǎ shì duō shǎo?
请　问 他的 手机号 码是 多 少？
Poderia saber o número do celular dele?

A: yī sān jiǔ wǔ wǔ sān liù qī bā.
1 3 9 5 5 3 6 7 8。
1 3 9 5 5 3 6 7 8.

B: xiè xie!
谢谢!
Obrigado!

Caracteres novos:

电话	diàn huà	telefone
讲话	jiǎng huà	falar, conversar
长途电话	cháng tú diàn huà	telefonema a longa distância
国际长途	guó jì cháng tú	telefonema internacional
国内长途	guó nèi cháng tú	telefonema interurbano
贵	guì	caro
便宜	pián yi	barato
手机	shǒu jī	celular
号码	hào mǎ	número
经理	jīng lǐ	gerente

ASPECTOS CULTURAIS

A arte de recortar papel é uma tradição popular que existe há mais de 2 mil anos na China e que hoje é considera uma das heranças culturais do mundo. São figuras decorativas de diversas cores, feitas com tesoura ou estilete. Os papéis podem ter uma ou várias cores, e o estilo de cortá-los varia de uma região para outra, dependendo dos costumes. A grande maioria desses recortes é criada pelas mulheres da área rural, representando animais domésticos, plantações, flores, pássaros, criancinhas ou símbolos que trazem boa sorte, e são usados nos festivais como o do ano novo chinês e outros eventos comemorativos.

zài yín háng
在 银 行
No banco

Notas:

"把 bǎ + A + verbo + 成 chéng + B" é usado para descrever a transição de A para B. O verbo pode ser: 换 huàn (trocar), 看 kàn (ver), 听 tīng (ouvir), 变 biàn (transformar) etc.

Exemplos:

wǒ yào kāi gè zhàng hù.
我 要 开 个 帐 户。
Eu quero abrir uma conta.

xiǎo jiě, wǒ yào huàn qián
小 姐，我 要 换 钱。
Senhorita, eu quero trocar dinheiro.

qǐng wèn, jīn tiān měi yuán de pái jià shì duō shǎo?
请问，今天美元的牌价是多少？
Por favor, qual o valor de câmbio do dólar hoje?

qǐng wèn, nǎ lǐ kě yǐ duì huàn wài bì?
请问，哪里可以兑换外币？
Por favor, onde posso trocar dinheiro estrangeiro?

wǒ yào bǎ měi yuán huàn chéng rén mín bì.
我要把美元换成人民币。
Eu quero trocar dólar por ren ming bi.

Diálogo:

xiǎo jiě, wǒ xiǎng kāi gè yín háng zhàng hù.
A: 小姐，我想开个银行帐户。
Senhorita, eu gostaria de abrir uma conta.

hǎo de, qǐng chū shì nǐ de zhèng jiàn.
B: 好的，请出示你的证件。
Está bem, por favor apresente seus documentos.

wǒ kě yǐ zài zhè lǐ huàn qián ma?
A: 我可以在这里换钱吗？
Eu posso trocar dinheiro aqui?

qǐngwèn, nǐ yào huàn měi yuán hái shì huàn rì yuán?
B: 请问你要换美元还是换日元？
Você gostaria de trocar dólares ou ienes?

wǒ yào bǎ měi yuán huàn chéng rén mín bì.
A: 我要把美元换成人民币。
Eu quero trocar dólar por ren ming bi.

nǐ yào huàn duō shǎo měi yuán?
B: 你要换多少美元？
Quantos dólares você quer trocar?

wǒ huàn wǔ bǎi měi yuán, jīn tiān de pái jià shì duō shǎo?
A: 我换五百美元，今天的牌价是多少？
Eu quero trocar quinhentos dólares, qual o valor de câmbio hoje?

yì měi yuán duì huàn qī yuán rén mín bì, zhè lǐ shì sān qiān
B: 一美元兑换七元人民币，这里是三千
wǔ bǎi yuán rén mín bì.
五百元人民币。
Um dólar para sete iuanes ren ming bi. Aqui estão 3 mil iuanes ren ming bi.

xiè xie!
A: 谢谢！
Obrigado!

Caracteres novos:

银行	yín háng	banco
帐户	zhàng hù	conta bancária
换	huàn	trocar
换成	huàn chéng	trocar por
美元	měi yuán	dólar
欧元	ōu yuán	euro
日元	rì yuán	iene
牌价	pái jià	valor de câmbio
兑换	duì huàn	câmbio
外币	wài bì	moeda estrangeira
证件	zhèng jiàn	documento
听	tīng	escutar/ouvir
变	biàn	mudar

ASPECTOS CULTURAIS

"China" em inglês tem dois significados: um é o país, e o outro é porcelana. Há 3 mil anos, a China domina a técnica de fabricação da porcelana, que foi baseada na da cerâmica, também de origem chinesa e existente há 7 mil anos. Esse histórico explica o porquê de o país estar tão ligado à porcelana, esse material que dá forma não apenas a produtos delicados de uso diário, mas também a artesanatos preciosos.

Depois da dinastia Han (25-220 d.C.), a técnica de produção desse material evoluiu bastante, e muitos produtos feitos de porcelana foram exportados pelo mundo. 景德镇 (jǐng dé zhèn), da província 江西 (jiāng xī), é chamada de "capital da porcelana", e o chaleiro feito de argila roxa em 宜兴 (yí xīng), da província 江苏 (jiāng sū), é famosíssimo no mundo inteiro.

zài yóu jú
在 邮 局
No correio

Notas:

"几 jǐ": geralmente usado para perguntar sobre um número estimado menor que dez.

"多少 duō shǎo": geralmente usado para perguntar sobre um número estimado maior que dez.

"两 liǎng" e "二 èr": ambos significam "dois", porém são usados de modos diferentes:

两 liǎng: dois + unidade de contagem, como 两个 liǎng gè, 两件 liǎng jiàn; 2 + mil, 10 mil, como 两千 liǎng qiān (dois mil), 两万 liǎng wàn (vinte mil).

二 èr: 1,2,3..., mês fevereiro, como 一 yī, 二 èr, 三 sān..., 二月 èr yuè; dois + dez, cem, como 二十 èr shí (vinte), 二百 èr bǎi (duzentos).

Em chinês, quando dois números são usados um seguido do outro, tem-se a idéia de estimativa, como 两三天 (liǎng sān tiān, mais ou menos de dois a três dias), 七八岁 (qī bā suì, mais ou menos de sete a oito anos), 十五六个人 (shí wǔ liù gè rén, mais ou menos de 15 a 16 pessoas).

Exemplos:

xiǎo jiě wǒ yào jì yí gè bāo guǒ dào bā xī.
小姐，我要寄一个包裹到巴西。
Senhorita, gostaria de enviar um pacote ao Brasil.

zhè fēng xìn wǒ yào jì háng kōng xìn.
这封信我要寄航空信。
Eu vou enviar esta carta por avião.

zhè shì yì fēng guà hào xìn, qǐng qiān zì.
这是一封挂号信，请签字。
Esta é uma carta registrada, por favor, assine seu nome.

cóng shàng hǎi jì dào niǔ yuē de tè kuài zhuān dì, jǐ tiān kě yǐ dào?
从上海寄到纽约的特快专递，几天可以到？
Em quantos dias é entregue um SEDEX enviado de Shanghai para Nova York?

Diálogo:

xiǎo jiě, nǐ hǎo! wǒ yào bǎ zhè fēng xìn jì dào lǐ yuē.
A: 小姐，你好！我要把这封信寄到里约。
Olá, senhorita! Gostaria de enviar esta carta ao Rio de Janeiro.

B: píng xìn hái shì guà hào xìn?
平 信 还 是 挂 号 信？
Carta normal ou registrada?

A: wǒ yào jì tè kuài zhuān dì, jǐ tiān kě yǐ dào?
我 要 寄 特 快 专 递，几 天 可 以 到？
Quero mandar por Sedex, em quantos dias é entregue?

B: liǎng (dào) sān tiān.
两 （到）三 天。
Dois a três dias.

A: duō shǎo qián?
多 少 钱？
Quanto custa?

B: yì bǎi wǔ shí yuán rén mín bì.
一 百 五 十 元 人 民 币。
Cento e cinqüenta iuanes ren ming bi;

A: zhè lǐ shì èr bǎi yuán.
这 里 是 二 百 元。
Aqui estão duzentos iuanes.

B: zhǎo nǐ wǔ shí yuán.
找 你 五 十 元。
Aqui seu troco de cinqüenta iuanes.

A: xiè xie!
谢 谢！
Obrigado!

Caracteres novos:

邮局	yóu jú	correio
寄	jì	mandar/enviar via correio
包裹	bāo guǒ	pacote
信	xìn	carta/correspondência
航空信	háng kōng xìn	carta por avião
挂号信	guà hào xìn	carta registrada
平信	píng xìn	carta normal
封	fēng	unidade de contagem de carta
特快专递	tè kuài zhuān dì	Sedex
签名/签字	qāin míng /qāin zì	assinar/assinatura
找	zhǎo	dá troco; procurar

ASPECTOS CULTURAIS

Ele foi um dos grandes pensadores de sua época, reconhecido como o primeiro e grande mestre da China. Seu sobrenome era 孔 (kǒng) e seu nome era 丘 (qiū), e ficou conhecido no Ocidente como Confúcio. Seus ensinamentos têm sido, por mais de 2 mil anos, a base do sistema ético e social chinês, e seu legado é inseparável dos valores chineses. Suas teorias incluíam a benevolência do governador com a população, e a virtude, ao invés da opressão do povo, como base da política. Além disso, o fundador do confucionismo era também um grande educador, tendo estabelecido uma escola que ensinava as pessoas humildes, chegando a ultrapassar os 3 mil alunos, segundo conta a tradição.

Seus discípulos recordaram suas palavras e seus feitos no livro Anacletos de Confúcio, um dos clássicos da escola confucionista.

zài bīn guǎn
在宾馆
No hotel

Notas:

"打 dǎ" é um dos verbos com mais significados; alguns exemplos: 打开电视 dǎ kāi diàn shì (ligar a TV), 打球 dǎ qiú (jogar bola), 打人 dǎ rén (bater na pessoa), 打字 dǎ zì (datilografar) 打扮 dǎ bàn (se arrumar) etc.

Exemplos:

wǒ yǐ jīng (yù) dìng le yí gè shuāng rén fáng jiān.
我已经（预）订了一个 双 人 房 间。
Eu já reservei um quarto de casal.

wǒ fáng jiān lǐ de diàn shì dǎ bù kāi.
我 房间里的电 视打不开。
A televisão do meu quarto não liga.

yù shì lǐ méi yǒu rè shuǐ.
浴室里没有热水。
Não tem água quente no banheiro.

wǒ kě yǐ bǎ xíng lǐ jì cún zài zhè lǐ ma?
我可以把 行 李寄存 在 这里吗？
Posso guardar minha bagagem aqui?

Diálogo:

zǒng fú wù tái: bīn guǎn, zǎo shàng hǎo!
总服务台:宾馆，早上好！
Recepção: Hotel x x, bom dia!

gù kè: zǎo shàng hǎo! wǒ xiǎng dìng yí gè dān rén fáng jiān,
顾客:早上好！我想订一个单人房间，
xià zhōu yī de.
下周一的。
Cliente: Bom dia! Eu gostaria de reservar um quarto de solteiro para a próxima segunda.

zǒng fú wù tái: qǐng wèn nǐ yào zhù jǐ tiān?
总服务台：请问，你要住几天？
Recepção: Por favor, para quantos dias?

gù kè: wǒ yào zhù wǔ tiān
顾客: 我要住五天。
Cliente: Vou ficar cinco dias.

zǒng fú wù tái: qǐng wèn, nǐ jiào shén me míng zi?
总服务台：请问，你叫什么名字？
Recepção: Seu nome, por favor?

gù kè: wǒ jiào fāng chén.
顾客: 我叫方晨。
Cliente: Eu me chamo Fang Chen.

zǒng fú wù tái: hǎo de, fāng chén, yǐ jīng dìng hǎo le.
总服务台: 好的，方晨，已经订好了。
Recepção: Está bem, Fang Chen, já está reservado.

gù kè: xiè xie!
顾客: 谢谢!
Cliente: Obrigado!

Caracteres novos:

宾馆	bīn guǎn	hotel (acima de três estrelas)
旅馆	lǚ guǎn	hotel
预订	yù dìng	reservar
房间	fáng jiān	quarto
电视	diàn shì	televisão
打不开	dǎ bù kāi	não funciona/não liga
双人	shuāng rén	de casal
单人	dān rén	de solteiro
浴室	yù shì	banheiro
热水	rè shuǐ	água quente
寄存	jì cún	guardar
总服务台	zǒng fú wù tái	recepção do hotel
住	zhù	hospedar/morar
里	lǐ	dentro
外	wài	fora

情景对话

ASPECTOS CULTURAIS

As quatro novelas clássicas da China foram escritas durante as dinastias Ming e Qing (1368~1911 DC), no período em que ocorreu o florescimento da literatura. São elas: Os três reinos (三国演义, sān guó yǎn yì), Todos os homens são irmãos (水浒传, shuǐ hǔ zhuàn), Peregrinação ao oeste (西游记, xī yóu jì) e O sonho da mansão vermelha (红楼梦, hóng lóu mèng).

wǒ xué xí hàn yǔ
我 学习汉语
Eu estudo chinês

Notas:

Verbo + 得 dé + adjetivo: expressa um tom afirmativo
Verbo + 得 dé + 不 bú + adjetivo: expressa um tom negativo
Verbo + 得 dé + adjetivo + 不 bú + adjetivo: é uma pergunta afirmativa-negativa.

很久不见了 (hěn jiǔ bú jiàn le) = 好久不见了 (hǎo jiǔ bú jiàn lê): "quanto tempo !"

Exemplos:

wǒ xué xí hàn yǔ yǐ jīng yǒu liǎng nián le.
我 学习汉 语已经 有 两 年 了。
Eu estudo chinês há dois anos já.

wǒ de zhōng wén lǎo shī shì cóng shàng hǎi lái de.
我 的 中 文 老 师 是 从 上 海 来 的。
Meu(Minha) professor(a) de chinês é de Shanghai.

nǐ xué zhōng wén(yǒu) duō jiǔ le?
你 学 中 文（有）多 久 了？
Há quanto tempo você estuda chinês?

nǐ mén gēn shuí xué zhōng wén de?
你 们 跟 谁 学 中 文 的？
Com quem vocês aprendem chinês?

nǐ huì shuō jǐ zhǒng yǔ yán?
你 会 说 几 种 语言？
Quantas línguas você sabe falar?

tā hàn zì xiě de hǎo bù hǎo?
他 汉 字 写 得 好 不 好？
Ela escreve bem em chinês?

Diálogo:

bǎo luó:　nǐ hǎo zhāng lǎo shī, hěn jiǔ bú jiàn le.
保 罗：你 好，张 老 师，很 久 不 见 了。
Paulo: Olá, professora Zhang, não nos vemos há muito tempo.

zhāng lǎo shī: nǐ hǎo, bǎo luó, nǐ de zhōng wén jiǎng de hěn hǎo.
张 老 师：你 好，保 罗，你 的 中 文 讲 得 很 好。
Professora Zhang: Olá, Paulo, seu chinês está muito bom.

bǎo luó:　wǒ xué zhōng wén yǐ jīng yǒu yì nián duō le.
保 罗：我 学 中 文 已 经 有 一 年 多 了。
Paulo: Eu estudo chinês há mais de um ano já.

zhāng lǎo shī:　nǐ jué de zhōng wén hěn nán ma?
张 老 师：你 觉 得 中 文 很 难 吗？
Professora Zhang: Você acha chinês muito difícil?

bǎo luó:　bú shì tài nán, wǒ hěn xǐ huān zhōng guó wén huà.
保 罗：不 是 太 难，我 很 喜 欢 中 国 文 化。
Paulo: Não é tão difícil, eu gosto muito da cultura chinesa.

zhāng lǎo shī:　nǐ qù guò zhōng guó ma?
张 老 师：你 去 过 中 国 吗？
Professora Zhang: Você já foi à China?

bǎo luó: méi yǒu qù guò, wǒ jì huà míng nián qù zhōng guó
保 罗：没 有 去 过，我 计 划 明 年 去 中 国
xué xí.
学 习。
Paulo: Ainda não, eu planejo ir à China estudar ano que vem.

Caracteres novos:

学习	xué xí	estudar/aprender
汉语	hàn yǔ	chinês
跟	gēn	com
多久	duō jiǔ	quanto tempo
很久	hěn jiǔ	muito tempo
语言	yǔ yán	idioma
种	zhǒng	tipo
觉得	jué de	acha
难	nán	difícil
容易	róng yì	fácil
文化	wén huà	cultura
计划	jì huà	plano/programa

ASPECTOS CULTURAIS

O livro Viagens de Marco Polo na China descreveu detalhadamente um mundo oriental totalmente diferente e misterioso baseado na viagem de Marco Polo pela China no século XIII. O livro despertou o interesse dos mercantilistas e exploradores ocidentais pelo Oriente. Depois do século XV, os exploradores (航海家 háng hǎi jiā, 探险家 tàn xiǎn jiā) da Europa, sob a influência de Marco Polo, começaram as viagens ao Oriente em busca de ouro e riquezas.

chéng yǔ

Ditados/provérbios chineses

Um dos aspectos mais interessantes da cultura chinesa é o costume de sintetizar um raciocínio, idéia ou história popular em uma frase curta, geralmente composta de quatro ou oito caracteres.

 jǐng dǐ zhi wā
井 底 之 蛙
Um sapo no fundo do poço.

Esse provérbio expressa a imagem de uma pessoa que, por falta de conhecimento, tem uma visão de mundo limitada, como um sapo que acredita que o céu tem o tamanho da boca de um poço.

 yí jiàn shuāng diāo
一 箭 双 雕
Acertar duas coisas com uma só flecha.

Embora as histórias sejam diferentes, tem o mesmo sentido do adágio brasileiro "matar dois coelhos com uma cajadada só".

 bá miáo zhù zhǎng
拔 苗 助 长
Puxar as plantas para que cresçam mais rápido.

Conta-se a história de um certo fazendeiro que, querendo que suas plantas crescessem mais rápido, puxou uma por uma. O resultado foi que, no dia seguinte, todas estavam mortas. Expressa a idéia de impaciência e a conseqüente obtenção de um resultado contrário ao esperado.

luò jǐng xià shí
落 井 下 石
Jogar uma pedra em quem caiu no fundo do poço.

Significa prejudicar ainda mais alguém que já está em uma situação desfavorável.

rén yán kě wèi
人 言 可 畏
Fofoca mata.

A história por trás desse adágio apresenta a crença de que um boato malicioso é tão destrutivo que pode até matar.

mǎ mǎ hǔ hǔ
马 马 虎 虎
Nem cavalo nem tigre.

É um ditado muito popular e tem o sentido de "mais ou menos".

sān tiān dǎ yú, liǎng tiān shài wǎng
三 天 打 鱼, 两 天 晒 网
Três dias pescando, dois dias secando a rede.

A idéia deste ditado é a de uma pessoa que não tem persistência e disciplina e que sempre interrompe o que faz.

sài wēng shī mǎ, ān zhī fēi fú
塞 翁 失 马, 安 知 非 福
O criador perdeu seu cavalo, como se sabe se não é bom?

Em poucas palavras, significa que o sofrimento ou perda nem sempre é algo ruim. Essa máxima remete à história de um velho aldeão que perdeu seu único cavalo, considerado um meio de sobrevivência na Mongólia. No entanto, alguns dias depois, ele se surpreendeu ao avistar o animal retornando com a companhia de outros. Assim, uma situação ruim se transformou em uma boa.

yè luò guī gēn
叶 落 归 根
A folha que cai volta à raíz.

O significado é que na natureza as coisas tendem a retornar a sua origem, como no caso de uma pessoa que, na velhice, volta à terra natal.

kè zhōu qiú jiàn
刻 舟 求 剑
Marcou no barco o local onde perdeu a espada.

Esse provérbio conta a história de uma pessoa que viajava de barco quando sua espada caiu no rio. Para não se esquecer do lugar onde a perdeu, marca-o no barco com um risco. Quando o barco chega no destino, ele mergulha no ponto marcado e, evidentemente, não a encontra. Dessa forma, o adágio designa uma pessoa teimosa e que não muda de atitude diante da mudança de uma situação.

guò hé chāi qiáo
过 河 拆 桥
Atravessar o rio e destruir a ponte.

Aponta uma pessoa que, após obter o que deseja, abandona ou "pisa em cima" daqueles que o ajudaram no processo.

shǒu zhū dài tu
守 株 待 兔
Ao lado do tronco de uma árvore, aguardando o coelho chegar.

A história conta que um camponês, quando trabalhava na roça, viu um coelho passar e se preparava para pegá-lo, quando o animalzinho bateu no tronco da árvore e morreu. O camponês ficou contente, porque, se todo dia lá passasse um coelho, ele não precisaria trabalhar; assim, ele ficou esperando ao lado do tronco todos os dias, abandonando a plantação dele. O significado é que algumas pessoas ficam esperando a sorte chegar, em vez de se esforçar e ir atrás das coisas.

shuǐ dī shí chuān
水 滴 石 穿
Água mole em pedra dura tanto bate até que fura.

O significado é exatamente o mesmo que o ditado brasileiro: indica que, com persistência, disciplina e paciência, é possível obter o sucesso.

yí nián zhī jì zài yú chūn
一 年 之 计 在 于 春
Os planos para o ano inteiro são feitos na primavera.

Na cultura chinesa, o ano começa na primavera. Isso significa que é importante preparar as coisas com antecedência.

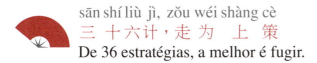

sān shí liù jì, zǒu wéi shàng cè
三 十 六 计，走 为 上 策
De 36 estratégias, a melhor é fugir.

Esse provérbio provém de uma história que diz que, quando uma situação ou problema chega em um nível muito difícil de ser resolvido, a melhor saída é abandoná-lo ou fugir.

词汇表

cí huì biǎo

Índice de vocabulários

CARACTERE	FONÉTICO	PORTUGUÊS	AULA
A			
爱	ài	amar/amor	18
安	ān	paz	2
B			
巴西人	bā xī rén	brasileiro(a)	6
巴西	bā xī	Brasil	6
爸爸	bà ba	pai	2
半	bàn	metade	15
包裹	bāo guǒ	pacote	28
饱	bǎo	satisfeito (saciedade)	23
报纸	bào zhǐ	jornal	9
杯	bēi	unidade de contagem	23
杯子	bēi zi	copo	23
北	běi	norte	19
本	běn	unidade de contagem	8
笔	bǐ	caneta	8
别	bié	não	15
宾馆	bīn guǎn	hotel (acima de três estrelas)	29
冰淇淋	bīng qī lín	sorvete	18
不	bù	não	7
不喜欢	bù xǐ huān	não gostar	18

C

餐馆	cān guǎn	restaurante/refeitório	23
厕所	cè suǒ	banheiro	4
茶	chá	chá	11
差	chà	falta; ruim	15
超市	chāo shì	supermercado	13
长途电话	cháng tú diàn huà	telefonema a longa distância	26
衬衫	chèn shān	camisa	24
城市	chéng shì	cidade/município	19
成功	chéng gōng	sucesso	21
乘客	chéng kè	passageiro	22
吃	chī	comer	23
吃饭	chī fàn	comer refeição	23
尺寸	chǐ cùn	tamanho	24
迟到	chí dào	atrasar-se	4
出生	chū shēng	nascer	17
出生日期	chū shēng rì qī	data de nascimento	17
出租车	chū zū chē	táxi	19
出差	chū chāi	viajar a trabalho	21
出示	chū shì	apresentar/mostrar	22
窗	chuāng	janela	4
聪明	cōng míng	inteligente	8
错	cuò	errado	4

D

大	dà	grande	17
大使馆	dà shǐ guǎn	embaixada	7
打篮球	dǎ lán qiú	jogar basquete	11
大学	dà xué	universidade	20
大学生	dà xué shēng	universitário	20
大家	dà jiā	todos	21
打包	dǎ bāo	embrulhar para viagem	23
打不开	dǎ bù kāi	não funciona/não liga	2
单人	dān rén	solteiro	29
当然	dāng rán	claro	4
到	dào	chegar; até	7

登机口	dēng jī kǒu	portão de embarque	22
弟弟	dì di	irmão mais novo	3
地铁	dì tiě	metrô	19
第一次	dì yí cì	primeira vez	6
点	diǎn	um pouco	2
点(钟)	diǎn	hora	15
电视	diàn shì	televisão	14
电脑	diàn nǎo	computador	20
点菜	diǎn cài	pedir comida	23
电话	diàn huà	telefone	26
电视	diàn shì	televisão	29
电影	diàn yǐng	filme	14
冬天	dōng tiān	inverno	18
东	dōng	leste	19
对	duì	certo	4
多	duō	muito (quantidade)	17
多久	duō jiǔ	quanto tempo	30

E

饿	è	fome	23
儿子	ér zi	filho	2

F

发烧	fā shāo	febre	25
发炎	fā yán	infecção	25
法文	fǎ wén	língua francesa	9
法国菜	fǎ guó cài	comida francesa	18
饭店	fàn diàn	restaurante	23
房间	fáng jiān	quarto	29
假期	jià qī	férias	7
方便	fāng biàn	fácil/conveniente	19
非常	fēi cháng	muito/especialmente	12
飞机	fēi jī	avião	14
分(钟)	fēn	minuto	15
份	fèn	uma porção	23
分	fēn	centavo	24

词汇表

封	fēng	unidade de contagem de carta	28
父母	fù mǔ	pais	12
服务员	fú wù yuán	garçom/garçonete	23
付帐	fù zhàng	pagar a conta	23

G

感觉	gǎn jué	sensação/sentir	25
干	gàn	fazer	14
告诉	gào sù	dizer/avisar/contar	3
高兴	gāo xìng	feliz/contente	5
刚	gāng	acabou (de acontecer algo)	6
哥哥	gē ge	irmão mais velho	3
跟	gēn	com	30
功课	gōng kè	lição de casa	14
公车	gōng chē	ônibus	19
工作	gōng zuò	trabalho	20
工程师	gōng chéng shī	engenheiro(a)	20
公司	gōng sī	firma/empresa	20
工作人员	gōng zuò rén yuán	funcionário	22
挂号信	guà hào xìn	carta registrada	28
顾客	gù kè	cliente	23
关	guān	fechar	4
贵	guì	caro/nobre	5/26
过去	guò qù	passado	13
国际长途	guó jì cháng tú	telefonema internacional	26
国内长途	guó nèi cháng tú	telefonema interurbano	26

H

孩子	hái zi	criança	8
还有	hái yǒu	ainda tem	15
还没有	hái méi yǒu	ainda não	18
海	hǎi	mar	16
海边	hǎi biān	praia	16
海关	hǎi guān	alfândega	22
汉语	hàn yǔ	chinês	30
航班	háng bān	vôo	22

航空信	háng kōng xìn	carta via avião	28
好	hǎo	bem/bom	1
好运	hǎo yùn	boa sorte	21
好吃	hǎo chī	gostoso (comida)	23
好看	hǎo kàn	bonito(a)	24
好像	hǎo xiàng	aparentemente	25
号	hào	dia/número	17
号码	hào mǎ	número	22
喝	hē	tomar/beber	11
和	hé	e/com	6
很	hěn	muito	1
很久	hěn jiǔ	muito tempo	30
红色	hóng sè	vermelho	24
喉咙	hóu lóng	garganta	25
后天	hòu tiān	depois de amanhã	13
护照	hù zhào	passaporte	22
欢迎	huān yíng	bem-vindo	6
还	huán	devolver	10
换	huàn	trocar	27
换成	huàn chéng	trocar por	27
会	huì	ter capacidade	11
回来	huí lái	voltar	2
回来了	huí lái le	voltei(ou)	2
馄饨	hún tun	guioza	23
火车	huǒ chē	trem	19

J

机场	jī chǎng	aeroporto	22
机票	jī piào	passagem de avião	22
几	jǐ	quanto	15
几岁	jǐ suì	quantos anos	17
寄	jì	enviar via correio	28
寄存	jì cún	guardar	29
计划	jì huà	plano/programa	30
家	jiā	casa/família	6
件	jiàn	unidade de contagem	10

见	jiàn	se ver/encontrar	3
将来	jiāng lái	futuro	13
讲话	jiǎng huà	falar, conversar	26
教	jiāo	ensinar	11
叫	jiào	chamar	5
角	jiǎo	dez centavos	24
教堂	jiào táng	igreja	16
姐姐	jiě jie	irmã mais velha	3
借	jiè	emprestar	10
介绍	jiè shào	apresentar	12
今天	jīn tiān	hoje	13
今年	jīn niān	este ano	17
近	jìn	perto	19
经济	jīng jì	economia	20
经理	jīng lǐ	gerente	26
旧	jiù	usado(a)	9
觉得	jué dé	acha	30

K

开	kāi	abrir	4
看	kàn	ver; olhar	7
抗生素	kàng shēng sù	antibiótico	25
烤鸭	kǎo yā	pato assado	23
咳嗽	ké sòu	tosse	25
可以	kě yǐ	pode	4
可惜	kě xī	infelizmente/pena	24
可是	kě shì	mas	18
裤子	kù zi	calça	24
快	kuài	rápido	15
快乐	kuài lè	feliz	21
块	kuài	cem centavos = 元	24
款式	kuǎn shì	modelo	24
矿泉水	kuàng quán shǔi	água mineral	18

L

拉肚子	lā dù zi	diarréia	25

来	lái	vir	2
来得及	lái dé jí	há tempo	15
来不及	lái bù jí	não dar tempo	15
蓝色	lán sè	azul	24
老师	lǎo shī	professor(a)	1
老公	lǎo gōng	marido	7
老婆	lǎo pó	esposa	7
累	lèi	cansado(a)	2
冷	lěng	frio/gelado	18
立	lì	de pé	4
里	lǐ	dentro	29
连衣裙	lián yī qún	vestido	24
辆	liàng	unidade de contagem	10
领事馆	lǐng shì guǎn	consulado	7
旅行	lǚ xíng	viajar	7
律师	lǜ shī	advogado(a)	20
旅途	lǚ tú	viagem	21
旅馆	lǚ guǎn	hotel	29

M

妈妈	mā ma	mãe	2
慢	màn	devagar	15
毛	máo	dez centavos = 角	24
美国	měi guó	Estados Unidos	6
美国人	měi guó rén	americano(a)	6
美元	měi yuán	dólar	27
每天	měi tiān	todos os dias	16
每个星期	měi gè xīng qī	todas as semanas	16
妹妹	mèi mei	irmã mais nova	3
秒	miǎo	segundo	15
名字	míng zì	nome	5
明年	míng nián	ano que vem	7/17
明天	míng tiān	amanhã	13

N

哪里/哪儿	nǎ lǐ/nǎ er	aonde; onde	6
那	nà	aquele(a)	8
那里	nà lǐ	ali	8
那些	nà xiē	aqueles	10
奶奶	nǎi nai	avó paterna	6
南	nán	sul	19
男朋友	nán péng yǒu	namorado	12
难	nán	difícil	30
你	nǐ	você	1
你们	nǐ men	vocês	1
你的/你们的	nǐ de/nǐ mén de	seu(sua)/de vocês	8
年	nián	ano	7
年纪	nián jì	idade	17
您	nín	você	1
女儿	nǚ er	filha	2
女朋友	nǚ péng yǒu	namorada	12

O

欧州	ōu zhōu	Europa	7
欧元	ōu yuán	euro	27

P

牌价	pái jià	valor de câmbio	27
胖	pàng	gorda(o)	13
朋友	péng yǒu	amigo(a)	3
啤酒	pí jiǔ	cerveja	23
便宜	pián yi	barato	19
平信	píng xìn	carta normal	28
葡文	pú wén	língua portuguesa	9

Q

妻子	qī zi	esposa	7
其它	qí tā	outros	25
汽水	qì shuǐ	refrigerante	23
前天	qián tiān	anteontem	13

签名/签字	qiān míng/qāin zì	assinar/assinatura	28
钱	qián	dinheiro	23
请	qǐng	por favor	3
请问	qǐng wèn	com licença	5
秋天	qiū tiān	outono	18
去	qù	ir	2
去年	qù nián	ano passado	17
裙子	qún zi	saia	24

R

热	rè	calor/quente	18
热水	rè shuǐ	água quente	29
人民广场	rén mín guǎng chǎng	Praça do Povo	19
人民币	rén mín bì	nome da moeda chinesa	24
认识	rèn shí	conhecer	12
日	rì	dia	17
日文	rì wén	língua japonesa	9
日元	rì yuán	ien	27
容易	róng yì	fácil	30
荣幸	róng xìng	prazer	12

S

上	shàng	em cima/subir	14
上班	shàng bān	trabalhar	13
上课	shàng kè	inicia-se a aula; fazer aula	15
上课了	shàng kè le	iniciou-se a aula	15
商店	shāng diàn	loja	24
什么	shén me	o quê/qual	5
申报	shēn bào	declarar	22
生日	shēng rì	aniversário	16
圣诞	shèng dàn	natal	21
时间	shí jiān	tempo	15
是	shì	ser	6
试	shì	provar/experimentar	24
手机	shǒu jī	celular	8
瘦	shòu	magra(o)	13

书	shū	livro	8
书包	shū bāo	mochila	8
舒服	shū fu	confortável	25
双人	shuāng rén	de casal	29
谁	shuí	quem	10
谁的	shuí de	de quem	10
睡觉	shuì jiào	dormir	2
丝绸	sī chóu	seda	24
岁	suì	idade	17

T

他	tā	ele	5
他的/他们的	tā de/tā mén de	dele/deles	8
她	tā	ela	5
它	tā	ele/ela (objetos ou animais)	5
他们	tā men	eles	5
她们	tā men	elas	5
太太	tài tai	senhora; esposa	7
太	tài	de mais	18
太极拳	tài jí quán	Tai ji quan	11
痰	tán	catarro	25
特快专递	tè kuài zhuān dì	Sedex	28
踢	tī	chutar/jogar	11
踢足球	tī zú qiú	jogar futebol	11
同事	tóng shì	colega de trabalho	12
同学	tóng xué	aluno(a) de classe	1
痛/疼	tòng/téng	dor	25
头	tóu	cabeça	25

W

外	wài	fora	29
外婆	wài pó	avó materna	6
外公	wài gōng	avô materno	6
外套	wài tào	casaco	24
外币	wài bì	moeda estrangeira	27
晚饭	wǎn fàn	jantar	14

晚上	wǎn shàng	noite	2
碗	wǎn	tigela	23
为什么	wèi shén me	por que	16
问	wèn	perguntar	4
问题	wèn tí	pergunta	4
文具盒	wén jù hé	estojo	10
文化	wén huà	cultura	30
我	wǒ	eu	1
我们	wǒ men	nós	1
我的/我们的	wǒ de/wǒ mén de	meu(minha)/nosso(a)	8
午饭/中饭	wǔ fàn/zhōng fàn	almoço	14

X

西	xī	oeste	19
洗	xǐ	lavar	14
喜欢	xǐ huān	gostar	18
下	xià	embaixo/descer	14
下次	xià cì	próxima vez	3
夏天	xià tiān	verão	18
先生	xiān sheng	senhor	1
现在	xiàn zài	agora	3
线	xiàn	linha	19
橡皮	xiàng pí	borracha	10
向	xiàng	para	12
小	xiǎo	pequeno	17
小姐	xiǎo jie	senhorita	1
小学	xiǎo xué	escola primária	20
小学生	xiǎo xué shēng	aluno primário	20
小笼包	xiǎo lóng bāo	pão ao vapor	23
写	xiě	escrever	14
谢谢	xiè xie	obrigado(a)	1
新	xīn	novo(a)	9
新年	xīn nián	ano novo	21
信	xìn	carta/correspondência	14
信用卡	xìn yòng kǎ	cartão de crédito	23
星期/周	xīng qī/zhōu	semana	16

星期一	xīng qī yī	segunda-feira	16
星期二	xīng qīèr	terça-feira	16
星期三	xīng qī sān	quarta-feira	16
星期四	xīng qī sì	quinta-feira	16
星期五	xīng qī wǔ	sexta-feira	16
星期六	xīng qī liù	sábado	16
星期日/天	xīng qī rì/tiān	domingo	16
行李	xíng li	bagagem	22
姓	xìng	sobrenome	5
学	xué	aprender	11
学校	xué xiào	escola	3
学生	xué shēng	estudante	20
学习	xué xí	estudar/aprender	30

Y

也	yě	também	1
爷爷	yé ye	avô paterno	6
没有	méi yǒu	não tem/expressar a negação	4
一起	yì qǐ	junto (com)	7
一些	yì xiē	um pouco/por um momento	10
一刻	yí kè	quinze minutos	15
一共	yí gòng	no total	23
已经	yǐ jīng	já	13
衣服	yī fú	roupa	14
医生	yī shēng	médico(a)	20
医院	yī yuàn	hospital	25
音乐	yīn yuè	música	13
银行	yín háng	banco	27
英文	yīng wén	língua inglesa	8
游泳	yóu yǒng	nadar	11
游泳池	yóu yǒng chí	piscina	11
邮局	yóu jú	correio	27
有	yǒu	ter	2
有名的	yǒu míng de	famoso	11
愉快	yú kuài	alegre	21
雨伞	yǔ sǎn	guarda-chuva	10

雨衣	yǔ yī	capa de chuva	**10**
语言	yǔ yán	idioma	**30**
预订	yù dìng	reservar	**29**
浴室	yù shì	banheiro	**29**
圆珠笔	yuán zhū bǐ	caneta esferográfica	**10**
元	yuán	cem centavos (moeda chinesa)	**24**
远	yuǎn	longe	**19**
月	yuè	mês/lua	**17**
允许	yǔn xǔ	permitir	**12**
运动员	yùn dòng yuán	jogador	**11**

Z

杂志	zá zhì	revista	**9**
再	zài	mais uma vez	**3**
早上	zǎo shàng	de manhã cedo	**2**
早饭	zǎo fàn	café-da-manhã	**14**
怎么	zěn me	como	**19**
站	zhàn	estação	**19**
丈夫	zhàng fu	marido	**7**
帐户	zhàng hù	conta bancária	**27**
着急	zháo jí	ter pressa	**15**
找	zhǎo	procurar; dar troco	**28**
这是	zhè shì	este(a) é	**6**
这	zhè	este(a)	**8**
这里	zhè lǐ	aqui	**8**
这些	zhè xiē	esses	**10**
真	zhēn	real	**23**
证件	zhèng jiàn	documento	**27**
只	zhī	unidade de contagem	**8**
知道	zhī dào	saber	**14**
职业	zhí yè	profissão	**20**
只	zhǐ	só	**18**
钟	zhōng	hora; relógio	**15**
中国	zhōng guó	China	**6**
中国人	zhōng guó rén	chinês	**6**
中文	zhōng wén	língua chinesa	**9**

词汇表

中国菜	zhōng guó cài	comida chinesa	18
中心	zhōng xīn	centro	19
中学	zhōng xué	escola secundária	20
中学生	zhōng xué shēng	aluno colegial	20
种	zhǒng	tipo	30
住	zhù	hospedar/morar	29
著名的	zhù míng de	renomado	11
自行车	zì xíng chē	bicicleta	10
总服务台	zǒng fú wù tái	recepção do hotel	29
最	zuì	mais (intensidade)	18
昨天	zuó tiān	ontem	13
做	zuò	fazer	14
坐	zuò	sentar	4

CD suǒ yǐn

Guia do CD

Track 1:	**Introdução Disal Editora**	
Track 2:	**Números cardinais chineses**	17
Track 3:	**Aula 1: Olá! Como você está?**	23
Track 4:	**Aula 2: Bom dia! Boa noite! Boa noite!**	25
Track 5:	**Aula 3: Até mais!**	28
Track 6:	**Aula 4: Perdão! Desculpe!**	31
Track 7:	**Aula 5: Com licença, como você se chama?/ qual o seu nome?**	34
Track 8:	**Aula 6: De onde você vem?**	37
Track 9:	**Aula 7: Aonde você vai?**	40
Track 10:	**Aula 8: Este é seu? Aquele é seu?**	43
Track 11:	**Aula 9: O que é isto? O que é aquilo?**	45
Track 12:	**Aula 10: De quem é este? De quem é aquilo?**	48
Track 13:	**Aula 11: Eu queria... Estou com vontade de...**	51
Track 14:	**Aula 12: Eu lhe apresento...**	54
Track 15:	**Aula 13: Hoje, amanhã, ontem**	57
Track 16:	**Aula 14: O que você está fazendo?**	60
Track 17:	**Aula 15: Olá! Que horas são? Qual horário de agora?**	63
Track 18:	**Aula 16: Que dia da semana é hoje?**	66
Track 19:	**Aula 17: Que dia é hoje?**	69
Track 20:	**Aula 18: Eu gosto de... Eu amo...**	73
Track 21:	**Aula 19: Por favor, como faço para ir a...?/ como chegar...?**	76
Track 22:	**Aula 20: Em que você trabalha?**	79

Track 23: **Aula 21: Desejar.../parabenizar...** 81
Track 24: **Aula 22: No aeroporto** 84
Track 25: **Aula 23: No restaurante** 87
Track 26: **Aula 24: Na loja** 91
Track 27: **Aula 25: No hospital** 94
Track 28: **Aula 26: Fazer telefonema** 97
Track 29: **Aula 27: No banco** 100
Track 30: **Aula 28: No correio** 103
Track 31: **Aula 29: No hotel** 107
Track 32: **Aula 30: Eu estudo chinês** 110

zuò zhé jiǎn jiè

Sobre a autora

    Dai Ling, nascida na China, formou-se em Engenharia Química em Shanghai. Em 1992, imigrou para o Brasil, radicando-se na cidade de São Paulo. Cursou medicina na Faculdade de Medicina da Universidade de São Paulo, e atualmente é médica assistente do Instituto de Medicina Física e Reabilitação do Hospital das Clínicas da Universidade de São Paulo. É também coordenadora do Instituto de Acupuntura e Cultura Chinesa, onde leciona Língua Chinesa, visando contribuir com a difusão da cultura chinesa no Ocidente.

    Site: www.culturach.com.br

Este livro foi composto nas fontes PMingLiu, Times e Zine Slab,
e impresso em maio de 2009 pela Prol Editora Gráfica,
sobre papel offset 90g/m^2.